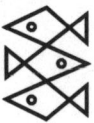

Solidarität, so die These dieses Buches, ist keine ursprüngliche, heute sich auflösende, sondern eine neu entstehende soziale Bindekraft – eine Antwort auf die Probleme moderner Gesellschaften. Wie ist Solidarität historisch entstanden, welche Bedingungen wirken auf sie ein und verwandeln sie, wo liegen ihre Möglichkeiten und Grenzen, lassen sich mit ihrer Hilfe Probleme der Arbeitslosigkeit, der Sozialpolitik, des Generationenvertrags, der Kommunalen Netzwerke, der Partnerschaftsbeziehungen lösen? Auch die Solidaritätsanforderungen angesichts von Wohlstandsgefälle und Wanderungen im internationalen System und in der Politik der deutschen Vereinigung werden hier in die Analyse einbezogen.

Karl Otto Hondrich ist Professor für Soziologie an der Johann Wolfgang Goethe-Universität in Frankfurt am Main; *Claudia Koch-Arzberger* ist Mitarbeiterin in der Arbeitsgruppe »Soziale Infrastruktur« am Fachbereich Gesellschaftswissenschafen der Johann Wolfgang Goethe-Universität in Frankfurt am Main.

Karl Otto Hondrich
Claudia Koch-Arzberger

Solidarität in der modernen Gesellschaft

Fischer Taschenbuch Verlag

4.–5. Tausend: Oktober 1994

Originalausgabe
Veröffentlicht im Fischer Taschenbuch Verlag GmbH,
Frankfurt am Main, August 1992

© 1992 Fischer Taschenbuch Verlag GmbH,
Frankfurt am Main
Umschlaggestaltung: Buchholz/Hinsch/Hensinger
Umschlagfoto: dpa/Lehtikuva Oy
Gesamtherstellung: Clausen & Bosse, Leck
Printed in Germany
ISBN 3-596-11246-X

Dieses Buch ist auf chlor- und säurefreiem Papier gedruckt

Inhalt

Einleitung 7

1. Kapitel:
Solidarität als Wert und als Instrument
politischer Steuerung 9

Solidarität und Solidarismus: Lösungen für die Probleme
moderner Gesellschaften? 9
Begriff und Formen der Solidarität 12
Konstitutive Bedingungen für Solidarität 16
Wandlungen und Verwandlungen von Solidarität 20
Individualität, konkurrierende Solidaritäten und Grenzen
der Solidarität 24
Solidarität – ein Instrument politischer Steuerung? 27

2. Kapitel:
Solidarität in der Industriegesellschaft 30

Klassensolidarität am Ende – oder neues Erwachen
in der Beschäftigungspolitik? 30
Solidaritätsprobleme im Sozialstaat 38
Zerbricht die Solidarität der Generationen? 43
Solidarität und Selbsthilfe im Alltag 50
Organisierte Solidarität: »Private Unterstützungsnetze«
im Modellversuch 58
Solidarität statt Liebe?
Partnerschaftsprobleme zwischen Frauen und Männern . . . 72

3. Kapitel:
Solidarität in der Weltgesellschaft 80

Solidarität im Kampf um Menschen- und Völkerrechte 80
Solidarität und internationale Ungleichheit 89
Solidarität und Migration 100
Solidarität in der Politik der deutschen Vereinigung 105

4. Schluß:
Die Modernität der Solidarität 114

Anmerkungen 121

Einleitung

Solidarität ist eine Antwort auf soziale Probleme in Industriegesellschaften. Sie trägt, wie Liebe, Macht, Märkte, Toleranz, zu ihrer Regelung bei – als eine Bindekraft eigener und neuer Art. Entgegen den Klagen über den Verlust von Solidarität ist es die These dieses Buches, daß sie in modernen Gesellschaften weniger verfällt als vielmehr erschaffen wird. Sie ist eine historisch junge Erscheinung. Wie ist sie entstanden, welche Bedingungen wirken auf sie ein und verwandeln sie, wo liegen ihre Möglichkeiten und Grenzen, läßt sie sich zum Zwecke politischer Steuerung in Dienst nehmen? Diese Fragen, in den Sozialwissenschaften bisher systematisch nicht behandelt, werden zunächst theoretisch skizziert und, im zweiten Kapitel, im Hinblick auf Probleme *innerhalb* der Industriegesellschaften erörtert: Kann Solidarität zur Bekämpfung von Arbeitslosigkeit mobilisiert werden? Schafft sich der Sozialstaat seine eigenen Solidaritätsprobleme? Zerbricht der Solidarvertrag der Generationen? Wie ist es mit Solidarität im Alltag bestellt – und wie stehen die Chancen, ihr durch die Organisation von Privaten Unterstützungsnetzen unter die Arme zu greifen? Schließlich: Können die prekär auf Liebe gebauten Partnerschaften zwischen Frauen und Männern durch Solidarität zwischen den Geschlechtern gestützt werden – oder sind sie durch Frauensolidarität eher zusätzlich gefährdet?
Die Forderungen, Solidarität zu üben, so vielfältig sie schon in überschaubaren Sozialbeziehungen sind, haben die Grenzen einzelner Gesellschaften längst überschritten. Probleme der Solidarität *zwischen* Gesellschaften werden deshalb im dritten Kapitel thematisiert. Wie stark ist die Solidarität der Staaten im Kampf für Menschen- und Völkerrechte? Kann man angesichts schreiender Ungleichheit zwischen reichen und armen Gesellschaften und globaler Umweltschäden auf ausgleichende Solidarität hoffen? Reichen die Toleranz- und

Solidaritätspotentiale im Inneren der Industriegesellschaften aus, um die Zuwanderer aus dem Süden und Osten aufzunehmen? Welche Rolle spielte West-Ost-Solidarität im Prozeß der deutschen Vereinigung? Angesichts der wachsenden und miteinander konkurrierenden Solidaritätsanforderungen werden moderne Gesellschaften wohl kaum jemals »genug« Solidarität mobilisieren können. Für die Politik stellt sich deshalb die Aufgabe, die Solidaritätsressourcen der Gesellschaft nicht zu überfordern – und sie ins rechte Verhältnis zu setzen zu anderen Regelungsmechanismen: Märkten, Hierarchien, Nächstenliebe. Nur wenn sie viele verschiedene Bindekräfte zugleich einsetzen, können moderne Gesellschaften ihre Probleme zu meistern hoffen.

Bei der Vorbereitung und Fertigstellung des Manuskripts haben uns Usch Büchner, Mathias Bös und Martina Reichenwallner durch Recherchen, Anregungen und technischen Beistand viel geholfen. Jürgen Schumacher hat, zusammen mit Claudia Koch-Arzberger, den vom Ministerium für Jugend, Familie, Frauen und Gesundheit und der Stadt Bad Vilbel geförderten Modellversuch »Private Unterstützungsnetze« konzipiert und durchgeführt. Heinz-Ulrich Schmidt hat entscheidende Denkanstöße zu diesem Buch gegeben. Ihnen allen sei herzlich gedankt.

Karl Otto Hondrich,
Claudia Koch-Arzberger

1. Kapitel:
Solidarität als Wert und als Instrument politischer Steuerung

Solidarität und Solidarismus: Lösungen für die Probleme moderner Gesellschaften?

Aufrufe zu solidarischem Handeln sind alltäglich geworden. Sie sind nicht an eine bestimmte Politik oder an ein besonderes gesellschaftliches Selbstverständnis gebunden. Sie kommen von oben und unten, von rechts und links. Nachbarschaftliche und Familiensolidarität wird genauso eingefordert wie Solidarität mit politischen Gefangenen und Freiheitskämpfern in der ganzen Welt; in der Beschäftigungpolitik ist Solidarität gefragt und im Prozeß der Vereinigung der beiden Teile Deutschlands; Solidarität wird zum »Lernziel« für kleine Gruppen erklärt und soll in der internationalen Politik dazu führen, durch gemeinsam demonstrierte Kriegsbereitschaft einen Aggressor in seine Schranken zu weisen.

Von Solidarität wird demnach erwartet, daß sie, in Nah und Fern, die unterschiedlichsten Probleme löst – oder zumindest zu ihrer Lösung beiträgt. Auf der anderen Seite suggeriert die vielfache Beschwörung von Solidarität, daß es nicht genug Solidarität gebe, daß Solidarität selbst ein Problemfall geworden, daß sie im Vergehen begriffen sei.

Es entspricht einem weithin geteilten Problemverständnis moderner Gesellschaften, daß die religiösen, familialen, kommunitären, berufsständischen etc. Bindekräfte, auf denen sie beruhen, in der dynamischen Entwicklung der neuen und neuesten Zeit aufgelöst, ja zerstört würden. Solidarität als Inbegriff gefühlhaltiger Bindekräfte schwinde demnach dahin. Entgegen einem so allgemeinen Begriff von Solidarität, der diese tief in der Geschichte menschlicher Gesellschaft verankert und erst neuerdings gefährdet sieht, gehen wir von der Überlegung aus, daß Solidarität enger zu fassen ist: als eine *spezifische Art sozialer Bindungen, historisch jüngeren Datums*, ständig neu herausgefordert und *neu im Entstehen* begriffen.

Soziale Bindungen tragen ihren Sinn in sich selber. Sie können allerdings auch als ein Mittel zum Zweck des besseren Überlebens von Individuen und Arten von Individuen bzw. Kollektiven verstanden werden. Soziale Bindungen verschaffen evolutionäre Vorteile, insofern sie wirkungsvollere kollektive Problemlösungen an die Stelle von weniger gewichtigen, variationsärmeren individuellen setzen. Soziale Bindungen sind, so gesehen, ihrer Funktion nach kollektive Regelungen zur Lösung der verschiedensten Überlebensprobleme, seien diese nun solche der Produktion oder der Distribution, der Reproduktion oder der Sozialisation, der gemeinsamen Verteidigung oder der persönlichen Entfaltung.

Für ursprünglichere Entwicklungsstufen muß man sich soziale Bindungen wohl als ununterscheidbares Konglomerat aus Zwangsregelungen und Willkür, Gefühlen und Vorteilserwägungen, Austauschbeziehungen und Bestärkung von Ähnlichkeiten vorstellen. Erst mit fortschreitender Vergesellschaftung differenzieren sich Regelsysteme aus, die sich gegeneinander profilieren und soziale Bindungen von eigener, unverwechselbarer Identität hervorbringen: Macht, Markt, Gefühlsgemeinschaft – um die drei zu benennen, die sich heute am prägnantesten unterscheiden lassen und sich Politik, Wirtschaft und Familie als »eigene« Regelsysteme und Lebensformen zugeordnet haben.

Die Differenzierung in drei oder vier Arten sozialer Bindung bzw. Regelung, die heute in der soziologischen Theoriebildung üblich ist[1], bleibt jedoch viel zu grob, um die im Alltag gebräuchlichen Unterscheidungen verschiedener Arten sozialer Regelung auch nur annähernd zu erfassen. Die Fülle und Verschiedenartigkeit der Probleme, die mit Hilfe sozialer Bindungen heute zu regeln sind, dazu deren Folgeprobleme, fordern eine Mannigfaltigkeit von Bindekräften mit je besonderem Regelungscharakter heraus.

Solidarität ist *ein* solcher spezifischer Typ sozialer Regelung. Als Begriff und sozialer Tatbestand ist sie nicht zeitlos, sondern entsteht, in der heutigen Bedeutung des Wortes, zu Beginn des 19. Jahrhunderts als Antwort auf die neuen Probleme der industriellen Gesellschaft. Das Wort, ursprünglich in einer rechtlichen Bedeutung (wörtlich: jeder für den anderen haftend), kommt aus dem Französischen und wird in der Arbeiterbewegung zu einem politischen Kampfbegriff umgemünzt. Er verheißt eine Lösung für die Probleme, die besonders die

Arbeiterschaft betreffen: das Herausgerissenwerden aus gewohnten, wenngleich zwangvollen Gemeinschaftsbindungen sowie die Befreiung und zugleich Vereinzelung und neuartige Benachteiligung in der Vertragsgesellschaft. In einer modernen Sprache: Solidarität antwortet auf Fragen sozialer Integration und Ungleichheit, die sich im Befreiungsschub der Industrialisierung neu stellen. Solidarität ist also eine *neue* Art sozialer Ordnungsvorstellung, obgleich ihre Wortführer in der Theorie der Arbeiterbewegung im 19. Jahrhundert sie als *Rück*besinnung auf das allgemein Menschliche in deutlicher Stoßrichtung gegen die bürgerliche Gesellschaft und die sie stabilisierende Moral und Staatsgewalt verstanden haben. Auf diese Ansicht baut der Anarchismus mit seinen »direkten Aktionen« auf.[2]

Die Zwiespältigkeit, daß Solidarität als Antwort auf neue Probleme auch einen neuen Typus von sozialer Bindung beinhaltet, von ihren Wortführern aber als Rückgriff auf frühere Bindungen verstanden wird, ist kaum auszuräumen. Sie führt zu der »sozio-optischen Täuschung«, daß es in der Vergangenheit mehr Solidarität gegeben habe als in der Gegenwart. So ist die Konstitution von Solidarität vom Eindruck schwindender Solidarität begleitet. Was aber schwindet, sind ältere Formen des Gemeinschaftslebens, aus denen sich Solidarität – unter anderen, neuen Arten von Bindungen – ausdifferenziert.

Solidarität als Antwort auf Probleme der Vereinzelung, des Egoismus und der Benachteiligung in den neuen Markt- bzw. Vertragsbeziehungen der industriellen Gesellschaft wurde einerseits von der kommunistischen Lehre in Anspruch genommen: »Proletarier aller Länder, vereinigt Euch!« Andererseits bildete sich, in Frankreich und in Deutschland, zu Beginn des 19. Jahrhunderts, im »Solidarismus« eine Ordnungsidee heraus, die sich vom Kollektivismus der kommunistischen Lösung ebenso wie vom Marktegoismus des Liberalismus abzusetzen versuchte[3]: weder solle das Individuum bloß seine eigenen Interessen verfolgen noch sich bedingungslos dem Kollektiv bzw. der Klasse oder der sie verkörpernden Partei unterordnen; vielmehr solle der Mensch als gesellschaftliches Wesen für seine Mitmenschen offen sein und sich im Zusammenwirken mit ihnen entfalten, während umgekehrt die Gesellschaft die bestmögliche persönliche Entfaltung ihrer Glieder zu gewährleisten habe. Ausgehend von diesem Grundgedanken wurden in Frankreich ebenso wie in der christlichen Soziallehre in Deutschland durchaus konkretere Vorstellungen von einer kooperativen »Vergenossenschaftlichung« des Wirtschaftslebens entwickelt. Die Gesellschaft baut sich demnach von unten, von den Personen her, auf, nicht von oben, von Staats wegen. In diesem Denken sind Solidarität und Subsidiarität nicht zwei unterschiedliche Prinzipien der Gesellschaft, sondern zwei Seiten derselben Medaille.[4]

Von heute aus erscheint »Solidarismus« mehr noch als die anderen Ismen, die sich zugleich als Ordnungsprinzipien und Lösungen für die Probleme industrieller Gesellschaften verstehen, antiquiert. Solidarität muß präziser definiert werden, erst dann läßt sich erkennen, wie sie als ein Regelungsmechanismus unter anderen, höchst vielseitig, aber auch mit nur begrenzter Wirkung, einen Beitrag zur Lösung aktueller Probleme leisten kann. Wie jeder Mechanismus, der zur Lösung gesellschaftlich-politischer Probleme beisteuert, wirft auch erfolgreich praktizierte Solidarität, wie zu zeigen sein wird, eigentümliche Folgeprobleme auf. Wie jeder soziale Tatbestand läßt sich Solidarität aber auch nicht angemessen verstehen, wenn man in ihr nur einen Regelungsmechanismus, ein Mittel zum Zweck sehen will. Für diejenigen, die sie praktizieren und sich auf sie berufen, macht Solidarität einen Teil ihres Selbst aus. Im Zusammenstehen der Arbeiter, der Entrechteten, der Bedrängten ist Solidarität geschichtlich nicht nur Instrument und Waffe, sondern Wert geworden. Wird an ihren Wert nicht mehr geglaubt, dann taugt sie auch als Instrument nicht mehr.

Begriff und Formen der Solidarität

Hält man sich an den Sprachgebrauch, dann ist mit Solidarität ein Gefühl der Zusammengehörigkeit gemeint, das durchaus praktisch werden kann und soll. Solidarität »üben«, das heißt: anderen in Worten und Taten, durch Verbundenheitsadressen, Petitionen, Geldspenden, Mitmachen bei Protesten und Streiks etc. helfen. Als generelles Prinzip der Mitmenschlichkeit erstreckt sich Solidarität unbeschränkt auf alle Menschen, praktisch aber ist sie immer situativ und auf bestimmte Personen bzw. Gruppierungen begrenzt. Man ist nicht mit allen zugleich solidarisch, sondern nur mit denjenigen, mit denen man sich in ähnlicher sozialer Lage befindet – und deshalb als *gleich* versteht. Arbeiter bekunden ihre Solidarität mit Arbeitern, gelegentlich auch mit Angestellten – aber dazu bedarf es schon der Anstrengung der Abstraktion: man muß sich als »abhängig Beschäftigte« und im Hinblick auf bestimmte Ziele und Werte mit ihnen *gleich setzen*. Zwischen Arbeitern und Unternehmern gibt es, aufgrund unterschiedlicher sozialer Lage, Konflikte – und als Gegenstück normalerweise Loyalität, nicht Solidarität. Indessen kann diese auch über Hierarchiestufen hinweg entstehen; stehen etwa, durch den Wegfall von Subventionen, Arbeitsplätze oder die Existenz des Unternehmens auf dem Spiel, können sich Arbeiter und Unternehmer solidarisch dagegen wehren; ihre Solidarität beruht dann auf einer als *gleich empfundenen* Interessenlage bzw. Zielsetzung.

Solidarität kann demnach definiert werden als »wechselseitige Verbundenheit von mehreren bzw. vielen Menschen, und zwar so, daß sie aufeinander angewiesen sind und ihre Ziele nur im Zusammenwirken erreichen können«.[5] Mit »wechselseitiger Verbundenheit« und »Zusammenwirken« aufgrund *gleich empfundener* Interessen- oder Ziellage wird allerdings ein Spezifikum von Solidarität noch nicht begriffen. Es ist dies, innerhalb der Gleichheit, eine Nicht-Gleichheit im zweifachen Sinne. Zum einen gibt es zwischen denen, die sich solidarisch fühlen, immer auch Interessen-Differenzen, die durch Solidarität übersprungen werden: ich kann mich mit meinen Geschwistern oder Eltern überworfen haben und bin doch, im Notfall, mit ihnen solidarisch; oder ich erkläre mich mit Arbeitskollegen solidarisch, mit denen ich in vielen anderen Dingen: Religion, Politik, Gewerkschaftszugehörigkeit etc. nicht übereinstimme. *Solidarität ist Verbundenheit trotz Differenzen*, trotz Ungleichheit (und setzt insofern soziale Differenzierung voraus). Zugleich ist sie aber auch Verbundenheit *wegen* Differenz, nämlich wegen *ungleicher Beeinträchtigung* der als gleich empfundenen Interessen: Solidarität wird von denjenigen gefordert oder erklärt, denen es, bei ansonsten gleicher Interessenlage, im Augenblick doch besser geht: Arbeiter in der blühenden Automobilindustrie erklären sich solidarisch mit denjenigen in der Textilindustrie, denen der Verlust der Arbeitsplätze droht; Textilunternehmer, die Arbeitsplätze wegrationalisieren könnten, versuchen diese aus Solidarität mit den bei ihnen Beschäftigten zu erhalten; europäische Studenten, die unbesorgt, wenn auch nicht unbehelligt, demonstrieren können, erklären ihre Solidarität mit chinesischen Studenten, denen das Demonstrationsrecht blutig streitig gemacht wird etc.

Solidarität erweist sich so, in der Praxis, als ein überaus voraussetzungsvoller, eng umgrenzter Begriff: als Gefühl der Zusammengehörigkeit zwischen Personen, die, trotz Differenzen, ihre Interessenlage und Ziele als gleich verstehen, aber ungleich beeinträchtigt sehen, woraus der Anspruch bzw. die freiwillige Verpflichtung einseitiger Unterstützung erwächst, gekoppelt mit dem Anspruch auf bzw. der Verpflichtung zur Unterstützung von der anderen Seite, sofern die Situation sich verkehrt. Solidarität äußert sich in der Regel als einseitiger Beistand, wobei die Erwartung der Gegenseitigkeit aber mitgedacht, wenn auch nicht als einklagbarer Anspruch formuliert wird. Solidarität ist Verbundenheit durch *latente Reziprozität*. Sie ist in vielen Fällen zunächst nur ein Angebot gegenseitiger Verbundenheit. Ob daraus tatsächliche Gegenseitigkeit, manifeste Reziprozität wird, ist von Fall zu Fall zu prüfen.

Solidarität ist demnach *nicht jede Art von Hilfe* oder Unterstützung, sondern nur diejenige, die aus dem Gefühl der Gleichgerichtetheit von Interessen oder Zielen gegeben wird, aus einer *besonderen* Verbundenheit, in der zumindest die – sei es fiktive – Möglichkeit der Gegenseitigkeit mitgedacht wird.

Wie Solidarität ist *Toleranz* eine soziale Bindung, in der das Gefühl einer Gemeinsamkeit im Menschlichen das Trennende überbrückt. Toleranz bedeutet ja Verbundenheit *trotz* Ungleichheit von Interessen und Lebensformen. Jedoch geht Solidarität, was die Stärke der Verbundenheit angeht, weiter. Solidarität impliziert, daß Verbundenheit als materielle oder symbolische Unterstützung zum Ausdruck kommt, Toleranz äußert Verbundenheit nur indirekt, durch Gewährenlassen des Unterschiedlichen. Toleranz, könnte man sagen, stellt eine schwache, gelegentlich eine Vor-Form von Solidarität dar. Auch historisch kann Toleranz, etwa im Toleranzedikt von Nantes Ende des 16. Jahrhunderts, als eine *frühere* Form von sozialer Steuerung studiert werden.

Von *Marktbeziehungen* unterscheidet sich Solidarität dadurch, daß eine persönliche, materielle oder symbolische Unterstützung zwar mit einer Erwiderung rechnet, also die Idee der Gegenseitigkeit enthält, aber nicht als eine genau ausgehandelte, berechnete, vertraglich gesicherte Gegenleistung. Solidarität bleibt oft eine *Vorleistung*, die jedoch ihren eigenen Wert zur Lösung von Problemen und zur sozialen Integration entfaltet. Auf dieser Idee nicht marktmäßiger Gegenseitigkeit beruht unser Modellprojekt der nichtkommerziellen Unterstützungsnetze, das im zweiten Kapitel ausführlich dargestellt wird.

Von herrschaftlichen bzw. *hierarchischen Beziehungen* unterscheidet sich Solidarität insofern, als sie sich aus freien Stücken oder in Notlagen konstituiert und Hilfe »von gleich zu gleich« leistet, also außerhalb von oder ohne Rücksicht auf formale Überordnung und Unterordnung. Darüber hinaus kann Solidarität gerade gegen hierarchische Abhängigkeit in einem Herrschaftsrahmen gerichtet sein. Solidarische Beziehungen zwischen Menschen sind keine Machtbeziehungen, aber sie sind oft auf die Herstellung einer gemeinsamen Machtbasis, auf die Konstitution von Gegenmacht gegen Dritte gerichtet.

Wie *Liebe* beruht auch Solidarität auf einem Gefühl der Gemeinschaftlichkeit. Aber anders als Liebe ist die Gefühlsgemeinschaft der Solidarität situativ und ihrem Inhalt nach eingeschränkt. Sie kann mehr Menschen umfassen, als es die Liebe kann, aber sie kann den Menschen nicht ganz umfassen wie die Liebe. Der entscheidende Unterschied ist der, daß Solidarität auf Intention zurückgeht, daß sie eine beabsichtigte, auf allgemeine Werte sich berufende oder bestimmte Interessen kalkulierende, kurz eine *freie* Art der sozialen Bindung ist, während Liebe in der modernen Gesellschaft der letzte Hort schicksalhafter Verbundenheit ist – dies zumindest der vorherrschenden Idee nach, die die Partnerwahl von allen sozialen Zwängen befreit sehen will, um sie ganz dem Gefühl des Füreinanderbestimmtseins überantworten zu können. So enthält die moderne Liebe, obwohl ihrer Idee nach auf Dauer angelegt, eine Unberechenbarkeit und schicksalhafte Vergänglichkeit, die im Trivialschlager treffend erfaßt ist: »Die Liebe ist ein seltsames Spiel, sie kommt und geht von einem zum anderen, sie nimmt uns alles und sie gibt auch viel zu viel...« Im Vergleich dazu nimmt sich Solidarität zwar als die bescheidenere, aber auch verläßlichere, selbstbestimmte, verstandesmäßig steuerbare Gefühlsbindung aus.

Das Element der Selbstbestimmung unterscheidet Solidarität auch von *Brüderlichkeit* als einer engen und gefühlvollen Art der Verbundenheit, in die hinein man geboren wird. Historisch wird Solidarität oft auf Brüderlichkeit zurückgeführt. Aus dem Dreiklang »Freiheit, Gleichheit, Brüderlichkeit«, den die Französische Revolution erschallen ließ, enthält Solidarität aber mindestens genausoviel von den Elementen Gleichheit und Freiheit – in einer ganz spezifischen, neuartigen Legierung.

Solidarität ist eine durch und durch moderne Art sozialer Bindung, insofern sie auf der *freien* Entscheidung des einzelnen beruht. Der einzelne hat nicht nur die Wahl, sich solidarisch oder nicht solidarisch zu verhalten, sondern auch die Wahl zwischen verschiedenen Solidaritäten und die Wahl zwischen spontan neuer und dauerhafter Solidarität. In unseren Solidaritätserklärungen und -verweigerungen manifestieren wir nicht nur unsere Befreiung aus den überkommenen zwangvollen Sozialbindungen der Vergangenheit, wir setzen uns auch noch über die modernen Zwänge des Marktes, der Hierarchie und der Liebe hinweg. Solidarität kann erst entstehen, nachdem Markttausch, bürokratische und politische Herrschaft und Liebe sich in ihren Eigenarten als moderne Sozialbindungen und Regelmechanismen gegeneinander ausdifferenziert haben. Sie nimmt Elemente dieser drei Typen sozialer Regelung auf und formt aus ihnen einen neuen, andersartigen Regelungsmechanismus. Er hat sich sozusagen in den Nischen ausgebildet, in die die übrigen Regelungsmechanismen nicht hineinreichen oder in denen sie sich als unzulänglich erweisen. Solidarität »befriedigt« – oder soll befriedigen – einen Bedarf an Problemregelungen, der durch die politische Gesetzgebungs- und Sanktionsmaschinerie ebensowenig zu erledigen ist wie durch Märkte und Gefühlsbindungen verwandtschaftlicher oder passionierter Art. Auf diesen Bedarf zielt das später zu erörternde Modell der Privaten Unterstützungsnetze.

Konstitutive Bedingungen für Solidarität

Historisch, wir sagten es bereits, läßt sich das Auftauchen von Solidarität aus den neu aufkommenden Problemen der Industriegesellschaft verstehen; *evolutionstheoretisch* durch die Ausdifferenzierung verschiedener, ja gegensätzlicher Arten sozialer Bindekräfte; *systematisch* durch das Zusammenwirken mehrerer bedingender Faktoren. Im folgenden wird, durch das Aufzählen derartiger erklärender Variablen, ein Schritt in Richtung auf eine systematische Theorie der Solidarität gemacht – die Theorie selber müßte Zusammenhang und Gewicht der verschiedenen Bedingungen genau angeben, was unsere Fähigkeiten im Augenblick überfordert.

Emile Durkheim hat in seiner klassischen Abhandlung über die soziale Arbeitsteilung zwei Grundlagen von Solidarität unterschieden. Die auf Ähnlichkeit oder *Gleichheit* der Teile beruhende *mechanische Solidarität* wird von Durkheim so genannt, weil es keine Eigenbewegungen der Teile, keine Personen mit einem individuellen Bewußtsein gibt. Das Bewußtsein der Personen ist ein vollständig kollektives. Entwicklungsgeschichtlich ist dieses Phänomen kennzeichnend für einen vorindividuellen, genau genommen einen vorgesellschaftlichen Zustand. Demgegenüber beruht die *organische Solidarität* auf einer *Ungleichheit* der Individuen, die im Prozeß der Arbeitsteilung entstanden ist. Organisch wird diese Art der Solidarität von Durkheim genannt, weil jedes Teil seine eigene Individualität und Leistung bzw. Funktion ausgeprägt hat und weil die Einheit des sozialen Gesamtorganismus durch Spezialisierung und Austausch zwischen den als Individuen entwickelten Teilen gewährleistet wird.[6]

Um die Durkheimsche Unterscheidung für eine zeitgemäße Theorie der Solidarität fruchtbar zu machen, erscheint es nötig, sie von zwei Implikationen zu befreien: zum einen ist an die Stelle des weitgefaßten und vagen Solidaritätsbegriffs, der bei Durkheim für soziale Bindekräfte schlechthin steht, ein engerer und historisch kürzer greifender Begriff von Solidarität zu setzen, um den wir uns oben bemüht haben. Zum anderen ist die Unterscheidung der zwei Grundlagen von Solidarität radikal von der evolutionstheoretischen Intention zu lösen, die Durkheim damit verband: eine auf Gleichheit bzw. auf Gleichheitsgefühlen basierende »mechanische« Solidarität gab es nicht nur früher, sie stellt sich auch in modernen von Individualismus und Arbeitsteilung geprägten Gesellschaften ständig neu her, sei es die Solidarität von Arbeitern gegenüber dem Unternehmer, sei es die von Leuten, die am selben Ort wohnen, im Falle der Not, sei es die Gleichheit der Unterdrückten.

Es ist allerdings zweckmäßig, die von Durkheim unterschiedenen Solidaritätsgrundlagen – Gleichheit einerseits, arbeitsteilige Abhängigkeit andererseits – weiter aufzugliedern: Gleichheit kann empfunden werden aufgrund naturwüchsiger Ähnlichkeit, aber auch aufgrund von gemeinsam geteilten Überzeugungen bzw. Werthaltungen. Solidarität als Arbeitsteilung kann erklärt werden erstens durch Gleichheit bzw. Entsprechung von Interessen der Kooperation, mit der ein Gefühl gegenseitiger Abhängigkeit einhergeht; zweitens durch Interaktionshäufigkeit oder soziale Nähe (wobei letztere aber auch als ein von Arbeitsteilung unabhängig wirkender Faktor gesehen werden kann); drittens durch ein Gefühl der Gerechtigkeit (equity), das sich einstellt, sofern die Beiträge, die Solidarpartner zu einem gemeinsamen Ziel leisten, als jeweils angemessen empfunden werden.[7] Nimmt man schließlich hinzu, daß auch Organisation von Solidarleistungen und ein gemeinsamer äußerer Gegner bzw. das Gefühl gemeinsamen Bedrohtseins solidaritätsbegünstigend wirken, dann gelangt man zu einem Bündel von sieben Bedingungs- bzw. Erklärungsfaktoren für Solidarität, die wie folgt benannt werden können:

1. Naturwüchsige Ähnlichkeit. Eine Ähnlichkeit der Hautfarbe, der Gestalt, der Gesichtszüge etc. ist nicht an sich ein solidaritätsstiftendes Phänomen, sondern nur, wenn sie im sozialen Kontext besonders auffällt und entsprechend sozial definiert wird. Im sozialen Leben gibt es keine naturhafte Gleichheit bzw. Ähnlichkeit schlechthin. Wohl aber können naturhafte Unterschiede zwischen den Menschen höchst bedeutungsvoll sozial interpretiert und damit zur Basis von Konflikten bzw. Solidarität werden.

2. Gemeinsam geteilte Überzeugungen bzw. Werthaltungen. Hierbei kann es sich um tiefverwurzelte, gleichsam rückwärtsgewandte allgemeinverbindliche, unbefragt und autoritativ wirksame Überzeugungen religiöser Art oder verwandtschaftlicher Zusammengehörigkeit handeln. Diese hatte Durkheim im Zusammenhang mit mechanischer Solidarität im Sinn. Es gehören hierin aber auch »moderne«, vorwärtsgewandte, universalistische und sozialphilosophisch hoch reflektierte Werthaltungen, etwa die Menschenrechte, die Gleichheit von Mann und Frau, die Legitimation politischer Herrschaft durch freie Wahlen.

3. Arbeitsteilige Abhängigkeit. Diese gründet sich auf ungleiche Funktionen und entsprechend ungleiche Interessen, die aber im Vollzug der Arbeitsprozesse und im Austausch der Arbeitsergebnisse wieder zu gleichen Interessen am Funktionieren der Arbeitsteilung und am Genuß ihrer Resultate zusammenwachsen. Arbeitsteilung begründet also Ungleichheit und, auf höherer Abstraktionsstufe, Gleichheit von Interessen und Zielsetzungen im selben Zuge. Interessenübereinstimmung als solidaritätsbegründender Faktor unterscheidet sich von der gerade genannten Wertübereinstimmung in der Weise, daß sie mit bestimmten kooperativen Prozessen entsteht und vergeht, während Wertkonsens auf höherer Abstraktions- und (wenn man will) moralischer Stufe auch ohne konkrete Abhängigkeiten in der Arbeitsteilung bestehen kann. Gemeinsame Interessen in und an Arbeitsteilung führen nicht von selbst zur Solidarität, sondern nur dann, wenn sie kognitiv erkannt und emotional besetzt werden. Dies ist bei der heute weit getriebenen internationalen Arbeitsteilung alles andere als selbstverständlich. Die tatsächlichen Solidaritäten scheinen den arbeitsteiligen Abhängigkeiten oft hinterherzuhinken.

4. Interaktionshäufigkeit, soziale Nähe. Solidarität kann schon allein in dem Vertrautsein begründet werden, das sich aus dem häufigen Anblick von Nachbarn, Mitreisenden etc. ergibt. Interaktionshäufigkeit, auch wenn diese nicht aus kooperativen Prozessen herrührt, bestärkt die Vertrautheit und kann als ein selbständig wirkender Faktor bei der Konstitution von Solidarität gelten.

5. Gerechtigkeit. Sofern eine gemeinsame Aufgabe wahrgenommen wird, hängen das Engagement und die Verbundenheit derjenigen, die sie lösen wollen, entscheidend von dem Gefühl der Beteiligten ab, daß ihre wechselseitigen Beiträge in einem angemessenen Verhältnis zueinander stehen, also ihrer jeweiligen Leistungsfähigkeit bzw. Verantwortlichkeit für das Problem entsprechen. Der Eindruck, daß die Lasten ungleich verteilt sind und daß einige die Solidarität anderer nutzen, ohne den Beitrag zu leisten, der gerechterweise von ihnen erwartet werden kann, untergräbt Solidarität.

6. Spontaneität und Organisation. Der Anstoß zu Solidarität wird oft durch Vorleistung, durch gute Beispiele, symbolische Taten gegeben. Wer spontan in Vorlage tritt, läuft das Risiko, daß Wechselseitigkeit und dauerhafte Solidarität sich nicht einstellen. Das Risiko kann vermindert werden, indem der Versuch gemacht wird, die Leistungsbereitschaft zu organisieren. Durch Organisation kann Solidarität dauerhaft eingefordert und weitergeleitet werden – allerdings mit dem paradoxen Effekt, daß gerade in großen Solidarorganisationen die Möglichkeit und Wahrscheinlichkeit des »Trittbrettfahrens« und damit der Ungerechtigkeit wieder wächst und daß sie einen Zwangscharakter annehmen, der dem spontanen Charakter freigewählter Solidarität widerspricht. Dem versucht man heute entgegenzuwirken: entweder durch interne Untergliederung großer Organisationen in überschaubare Bereiche oder durch regionale oder sachliche Beschränkung ihrer Reichweite.

7. Gemeinsame Gegner und Bedrohung von außen. Oft stellt sich Solidarität nur ein – und in jedem Fall entsteht sie leichter –, wenn sich ein äußerer Gegner zeigt. Dieser muß nicht Menschengestalt annehmen, er kann auch in Form von Sachen, etwa neuen, arbeitsplatzvernichtenden Maschinen, oder als Bedrohung auftreten, die die Betroffenen sich selbst geschaffen haben. Im West-Ost-Konflikt haben die Vernichtungswaffen, die zugleich Selbstvernichtungswaffen sind, zwischen den Kontrahenten seit langem unterschwellig Solidarität gestiftet. In den ökologischen Gefahren liegt auch Hoffnung auf weltweite Solidarität.

Es kann hier nicht diskutiert werden, wie weit die genannten Konstitutionsbedingungen für Solidarität notwendige, hinreichende, ergänzende, vermittelnde etc. Bedingungen sind und ob die Liste vollständig ist. Wir gehen indessen von der Annahme aus, daß jeder der genannten sieben Faktoren einen eigenen Einfluß auf konkrete Prozesse der Herausbildung, der Verwandlung oder des Vergehens von Solidarität ausübt. Dieser Einfluß kann von Solidaritätsfeld zu Solidaritätsfeld unterschiedlich groß sein. Es ist die Variation der Einflußfaktoren im sozialen Wandel, die uns einen Gutteil der Veränderungen von Solidarität erklärt. Eine Politik, die auf Solidarität Einfluß nehmen will, muß auf die genannten Bedingungen einwirken. An der nur beschränkten Veränderbarkeit dieser Bedingungen findet sie auch ihre Grenzen.

Wandlungen und Verwandlungen von Solidarität

Die Ansicht, Solidarität und Solidaritätspotentiale seien in modernen Gesellschaften im Schwinden begriffen, ist nicht nur fragwürdig, sondern in doppelter Hinsicht falsch: zum einen entsteht Solidarität erst im Zuge der Ausdifferenzierung verschiedener Arten von sozialen Beziehungen, ist also ein Produkt der Moderne; zum anderen ist dieser Prozeß schwerlich als Zu- oder Abnahme von Solidarität oder sozialen Bindekräften schlechthin zu begreifen, sondern als deren innere Verwandlung. Diese vollzieht sich in vielen Dimensionen, und sofern man von Abnahme in einer Hinsicht sprechen kann, ist sie meist in anderer Hinsicht von Zunahmen begleitet. Was tatsächlich abgenommen hat, ist die durch physische Gewalt, ökonomische Notwendigkeit und fraglos verinnerlichte moralische Zwänge gewährleistete Stärke sozialer Beziehungen; zugenommen hat deren Freiheitsgrad. Zwar spricht manches dafür, daß die aus freien Stücken zustande gekommenen sozialen Beziehungen von schwächerer Bindekraft sind als die erzwungenen – aber es gibt auch gute Gründe für die gegenteilige Behauptung. Diese Vermutungen müssen auf jedem Feld empirisch im einzelnen geprüft werden. Jedenfalls ist es unzulässig, aus der anscheinend unaufhaltsamen Tendenz, die Wählbarkeit und Kündbarkeit sozialer Beziehungen zu erhöhen, einen säkulären Trend zur Schwächung sozialer Bindekräfte abzuleiten.

Die Verwandlung sozialer Bindungen, in deren Verlauf Solidarität entsteht und sich ausprägt, kann in den Worten von Ferdinand Tönnies als der Übergang von »Gemeinschaft« zu »Gesellschaft« begriffen werden. Gemeinschaft im geschichtlichen Sinne darf nicht idealisiert werden. Weit entfernt vom modernen Verständnis einer freien Gefühlsgemeinschaft, bedeutet sie den Zusammenhalt in kleineren Gruppen mit außerordentlich starker sozialer Kontrolle inklusive gewaltsam aufrechterhaltener Über- und Unterordnung. Weil es in ihnen kaum frei gewählte gegenseitige Verbundenheiten gibt, erst recht nicht über die Grenzen der Gemeinschaft hinaus, entraten sie auch der Solidarität im modernen Sinne. Erst in dem Maße, in dem sich, qua Vergesellschaftung, das Gemisch von gemeinschaftlichen Zwängen auflöst und verwandtschaftliche, familiale, kriegerische, ökonomische, politische, rechtliche etc. Bindungen unterscheidbar werden, ist evolutionär die Voraussetzung für Solidarität gegeben.

Solidarität fängt also in starken sozialen Bindungsgemischen schwach an. Sie kann, paradoxerweise, stärker nur werden, indem die traditionell zwanghaften Gemeinschaftsbindungen schwächer werden. Zunahme von Solidarität bedeutet in jedem Fall eine Verwandlung von sozialen Bindungen insgesamt: von zwanghaften zu frei gewählten, wobei es den Beteiligten auch freisteht, in sozialen Definitionsprozessen zu bestimmen, mit wem sie aufgrund gemeinsamer

Interessen oder Wertlage oder auf Grund gemeinsamer Zielsetzung als gleich empfinden wollen. Allerdings lassen sich Solidaritätsgefühle am ehesten in praktisches Tun umsetzen, wenn eine gemeinsame Notsituation besteht.

In welcher Hinsicht kann man nun davon sprechen, daß Solidarität – also freie, durch latente Reziprozität von Gleichen charakterisierte soziale Verbundenheit – in der europäischen Neuzeit, insbesondere seit dem Beginn der Industrialisierung, zunimmt? In drei Dimensionen erscheint dies offensichtlich. Erstens vergrößert sich die *Reichweite* von Solidaritäten bzw. Solidaritätspotentialen; damit ist die Anzahl der Personen gemeint, auf die sich ein Zusammengehörigkeits- bzw. Abhängigkeitsgefühl bezieht; mit der Ausweitung der internationalen Arbeitsteilung und globaler Folgeprobleme der Industrialisierung wird die Zahl der dadurch in Zusammenhang gebrachten Personen immer größer. Zweitens: von der Zahl der Personen ist zu unterscheiden die *Zahl der Solidaritäten*. Die Zahl der Solidaritäten bzw. potentiellen Solidaritäten wächst mit der Zahl verschiedenartiger Interessen oder Ziele. Mit Beamten kann ich mich in bezug auf eine Gehaltsforderung solidarisch erklären, mit Arbeitslosen in ihrer Forderung nach aktiver Beschäftigungspolitik, mit politischen Gefangenen im Hinblick auf eine Erleichterung der Haftbedingungen, mit den Schwarzen Südafrikas in bezug auf die Abschaffung der Apartheid etc. Es liegt auf der Hand, daß mit der Zahl der aktiv eingegangenen Solidaritäten die Wahrscheinlichkeit größer wird, daß jede Solidarität nur eingegrenzt und relativ schwach zum Ausdruck kommt, genauso wie mit größerer Reichweite einer Solidarität deren Abschwächung zu erwarten ist (vgl. im vorigen Abschnitt: Spontaneität und Organisation). Drittens: von einer Zunahme von Solidarität kann man schließlich auch in dem Sinne sprechen, daß frei gewählte Sozialbeziehungen an Festigkeit und *Dauerhaftigkeit* gewinnen. Sie weisen eine Tendenz zur Institutionalisierung und Organisierung auf; dies gilt für die ehemals so genannten »wilden Ehen«, für die zunächst spontane, dann in Gewerkschaften organisierte Arbeitersolidarität, ebenso für soziale Bewegungen und Selbsthilfegruppen. Die Verstetigung geht aber, wie gezeigt, auf Kosten freiwilliger Gefühlsbindungen.

Führen wir uns noch einmal die oben erwähnten solidaritätskonstituierenden Faktoren vor Augen, dann läßt sich für einige durchaus prognostizieren, in welcher Weise sie sich auf lange Sicht verändern und

damit der Verwandlung von Solidarität eine Richtung geben: Die Organisation der ursprünglich milieuspezifischen Arbeitersolidarität in gewerkschaftlichen Großverbänden vergrößert Umfang und Schlagkraft dieser Solidarität, macht sie also zu einem bedeutsamen Machtfaktor; andererseits verliert diese Solidarität dabei ihre alten Gefühlsgründe, die sich mehr und mehr in Interessenkalküle verwandeln. (Wir kommen darauf im nächsten Kapitel zurück.)
Mit der Organisierung von Solidarität verwandelt sich diese auch in anderer Hinsicht: sie wird anonymer, weniger an Personen gebunden, mehr über Interessen und Werte vermittelt; es stellt sich in den Großorganisationen das Problem, daß die Solidarbeiträge der Einzelnen nicht mehr zu übersehen sind und nicht mehr spontaner sozialer Kontrolle unterliegen, wodurch sich die Tendenz zum »Trittbrettfahren« einschleicht und, in der Folge, das solidaritätserodierende Gefühl der ungerechten Vorteilsnahme von Solidargenossen. Ferner hat die organisierte Solidarität die Tendenz, sich von einer Solidarität der gleichermaßen Kompetenten in eine professionalisierte Solidarität zu verwandeln; die Tendenz zu professionellen Fürsprechern läßt sich heute in vielen Solidarverbindungen beobachten. Schließlich neigen Solidarbünde, die ursprünglich von gleich zu gleich organisiert werden, zur Hierarchisierung – und dies, je länger und je erfolgreicher sie bestehen. Dies läßt sich besonders in Selbsthilfegruppen beobachten, die sich ausdrücklich gegen Hierarchien aussprechen, aber nicht umhinkönnen, im Inneren Spezialisten des Helfens auszubilden, wodurch zumindest informale Hierarchien der Kompetenz zustande kommen.[8]
Mit Blick auf andere solidaritätskonstituierende Faktoren ist allerdings keinesfalls zu sagen, daß ihre fortdauernden Veränderungen die Solidaritäten in eine bestimmte Richtung und nur in diese verwandeln. Naturwüchsige Ähnlichkeiten wie Hautfarbe, die früher im homogenen Milieu als solche sozial irrelevant waren, werden heute, im Zeichen internationaler Migrationen, neu thematisiert; in dem Maße, in dem unterschiedliche Ethnien sich durchmischen, können »negative Solidarisierungen« aufgrund wahrgenommener Unähnlichkeit der Fremden entstehen, aufgrund sozialer Nähe und Interaktionshäufigkeit aber auch wieder abgeschwächt werden. Wie sich diese verschiedenen Entsolidarisierungs- und Solidarisierungstendenzen per Saldo im Prozeß internationaler Vergesellschaftung auswirken werden, ist nicht prognostizierbar.

Auch Solidarisierungen und Entsolidarisierungen aufgrund gemeinsam geteilter Überzeugungen und Werte sind so vielfältig, daß sich von ihnen schwerlich ein Gesamtbild zeichnen läßt. Man kann nur so viel sagen, daß jahrhundertelang gemeinsame geteilte Überzeugungen, etwa konfessioneller Art, ihre Markanz und Grenzlinien und damit ihre solidaritätsstiftende Kraft verlieren, während neue Überzeugungen universalistischer Art, insbesondere in Gestalt der Menschenrechte, umfassende Solidarisierungen herausfordern, indessen immer wieder in Konflikt zu älteren partikularistischen Solidaritätsbünden treten.

Die Internationalisierung der Informationsflüsse, der Arbeitsteilung, der Kriege und ökologischen Katastrophen übt zwar Druck zugunsten von zunehmender internationaler Solidarität aus. Ob damit aber die Einsicht in deren Notwendigkeit Schritt hält, ist zu bezweifeln. Und selbst wenn diese Einsicht wächst, wächst doch zugleich die Einsicht in die Ungerechtigkeiten, die das Weltsystem enthält und eben noch vergrößert – eine Einsicht, die solidaritätszerstörend wirkt.

Solidarität ist ein vergängliches Band, immer davon bedroht, sich im Inneren in andere Arten von sozialen Beziehungen, insbesondere Hierarchien und Marktbeziehungen, zu verwandeln und in neue Konflikte umzuschlagen.

Individualität, konkurrierende Solidaritäten und Grenzen der Solidarität

Einer häufig geführten Klage zufolge steht Solidarität im Gegensatz zu Individualismus und wird durch Individualisierung verdrängt. Damit kann, je nachdem, ob man Individualismus als Egoismus oder als Freiheit des Einzelnen, seine Lebensform selbst zu wählen, begreift, zweierlei gemeint sein. Setzt man Individualisierung mit zunehmendem Egoismus gleich und versteht darunter die wachsende Konzentration der Kräfte auf die eigene Person und die eigenen Ziele, dann kann ein solcher »egoistischer Individualismus« in der Tat auf Kosten solidarischen Handelns gehen. Allerdings gibt es außer besagten Klagen keine eindeutigen empirischen Anhaltspunkte für zunehmenden Egoismus und abnehmenden Altruismus als säkularen Prozeß.
Zu beobachten ist vielmehr, daß die Erscheinungsformen des Altruis-

mus sich verwandelt haben, nüchterner geworden sind: Aufopferung, andauernde Fürsorge, Idealismus als Selbstdarstellung sind einer neuen, eher unpathetischen Mentalität des Helfens von Fall zu Fall und einem ebenfalls punktuell an sozio-politischen Zielen sich entzündenden, aber auch kontrolliert zurücknehmbaren Engagement etwa in Bürgerinitiativen oder neuen sozialen Bewegungen gewichen. Auch leisten die Einsicht, in sozialen Abhängigkeiten und Verantwortlichkeiten von immer größerer Reichweite befangen zu sein, und eine Erziehung zu humanistischen Werten einem reflektierten und abwägenden Altruismus Vorschub, wie er sich in den Institutionen der öffentlichen Solidaritätsdeklarationen und des Spendenwesens niederschlägt.

Begreift man Individualisierung als Gewinn von Handlungsoptionen, die dem Einzelnen zuwachsen, weil sich seine traditionell zwangvollen Sozialbindungen lockern, dann steht sie nicht im Widerspruch zur Solidarität, sondern ist geradezu deren Voraussetzung.[9] Zwar ist nicht gesagt, daß Individualisierung, verstanden als tiefgreifende strukturelle Veränderung industrieller Gesellschaften, zu Solidarisierungen führen *muß*. Die Wahrscheinlichkeit ist aber groß. Denn gerade die »Pluralisierung« und Wählbarkeit der Lebensstile[10] erhöht gegenseitige Abhängigkeiten und solidaritätsstiftende Notlagen auch im Alltag. Ferner verlangt sie dem Einzelnen eine Selbststilisierung ab, die zwar als Einzelleistung gilt, aber eine solche nicht sein kann. Der Einzelne muß, will er auch als Individualist gelten, sich zustimmend oder ablehnend an sozial vorgeformten Gruppenidentitäten orientieren. Hat er auch andere Zwänge abgeschüttelt, dem Zwang zur Selbstzuordnung wird er nicht entkommen. Erst die vielfache Ausdifferenzierung der Selbstbeschreibung eröffnet den Raum für mannigfache Solidaritäten. Und aus der Vielfalt der möglichen Solidaritäten wählt der Einzelne diejenigen aus, aus deren Kombination er sich als unverwechselbar und doch zugehörig darstellen kann.[11] Die Verweigerung jedweder Solidarität, der idealtypische Egoismus, bleibt ein Grenzfall.

Wenn Individualismus Solidarität nicht schwächt, ihr nicht einmal Grenzen setzt, wo findet sie ihre Grenzen dann?

Die wichtigste Grenze für Solidarität ist: Solidarität. Menschen ebenso wie Gesellschaften müssen ihre knappen Potentiale an Handlungsenergien und -motivation wählerisch einsetzen. Sie können gar nicht allen Anforderungen, sich zu solidarisieren, die von Familienmitgliedern, Arbeitskollegen, Entrechteten und Geknechteten in aller Welt ausgehen, entsprechen. In der Fülle der Solidaritätsanforderungen ist Überforderung bereits angelegt.

Es ist aber nicht nur die Zahl, sondern auch die Widersprüchlichkeit der Solidaritätszumutungen, durch die diese sich gegenseitig in Schach halten: Wenn meine Arbeitskollegen, Gewerkschaftsmitglieder wie ich, auf einer Oppositionsliste gegen die offizielle Gewerkschaftsliste kandidieren, soll ich mich mit ihnen oder mit der Gewerkschaft solidarisch erklären?

Die *Konkurrenz der Solidaritäten* ergibt sich also aus der Knappheit von Handlungsenergien angesichts von Problemfülle ebenso wie aus der Konflikthaftigkeit von Handlungssinn bzw. von sozialen Zugehörigkeiten.

Neben der Konkurrenz der Solidaritäten zieht auch die Konkurrenz zwischen Solidarität und anderen gesellschaftlichen Regelungsmechanismen – Markt, Hierarchie, Liebe – Grenzen. Wollte man die Verteilung knapper Wirtschaftsgüter nicht dem Markt, sondern gesellschaftlicher Solidarität überantworten – statt diese nur als ausgleichendes Regulativ für die Brutalitäten des Marktes einzusetzen –, dann wäre Solidarität überfordert: wie soll sie, die doch als gesellschaftliche Solidarität in eine Unzahl konkurrierender Solidaritäten zerfällt, die Aufgabe gerechter – oder auch nur zweckmäßiger – Verteilung lösen? Aus der Konflikthaftigkeit der Solidaritäten folgt soziologisch die Notwendigkeit eines nicht auf Solidarität, sondern auf reinem Interessenkalkül beruhenden Regelungsmechanismus: des Marktes. Desgleichen erfordern konfligierende Solidaritäten auch Ergänzung durch eine politische Entscheidungshierarchie, die letztlich auf physischem Zwang gegründet ist.

Man kann die hier erörterten Grenzen der Solidarität auch anders begründen, nämlich aus den oben aufgezählten Konstitutionsbedingungen für Solidarität: es gibt Grenzen von Ähnlichkeit, von arbeitsteiliger Abhängigkeit, von Organisation, von gemeinsamen Gegnerschaften etc. – so wie es konfligierende Abhängigkeiten, Organisationsmitgliedschaften, Gegnerschaften gibt. Die Solidaritätsverwirrungen im Golfkrieg sind dafür beispielhaft. Wir kommen auf Grenzen der Solidarität im einzelnen in den folgenden Kapiteln zu sprechen.

Solidarität – ein Instrument politischer Steuerung?

Solidarität, so haben wir gezeigt, setzt andere, ausdifferenzierte Regelungsmechanismen wie Markttausch, Machthierarchie, Gefühlsgemeinschaften voraus, in deren Nischen sie sich ansiedelt, ohne sie ersetzen zu können. Märkte, Macht und Liebe wiederum können die Integrations- und Innovationsprobleme moderner Gesellschaften nicht allein lösen; sie sind auf Ergänzung durch Solidarität angewiesen – auf die Solidarität der Solidarität, möchte man sagen. Ganz ohne Unterfütterung durch Solidarität können andere Regelungsmechanismen überhaupt nicht operieren. Ist ihre Solidaritätsbasis nur schwach und schmal ausgebildet, dann steigen die Kosten sozialer Steuerung über politischen Zwang und materielle Anreize: Ausweichmanöver, Widerstände und unerwünschte Nebenwirkungen nehmen zu.

Solidarität ist aber nicht nur unbeabsichtigte Voraussetzung dafür, daß andere problemlösende Regelungen überhaupt greifen, sie kann auch absichtsvoll in den Dienst politischer Steuerung gestellt werden. Geht es zum Beispiel darum, chronisch sich fortschleppende Arbeitslosigkeit zu bekämpfen, dann kann die Solidarität aller Beschäftigten mit den Nichtbeschäftigten herausgefordert werden, um erstere zu bewegen, auf Arbeitszeit und Lohn zu verzichten, damit für letztere zusätzliche Arbeitsplätze geschaffen werden.

Wenn Solidarität ein Instrument politischer Steuerung sein kann, liegt es dann für Politiker nicht nahe, sie selbst erzeugen zu wollen, um sich ihrer bedienen zu können?

Tatsächlich weist ja der oben skizzierte Theorieversuch mit seiner Liste von Bedingungsfaktoren von Solidarität auf eine Reihe von Interventionspunkten hin, an denen politisch angesetzt werden kann – mit unterschiedlichen Erfolgsaussichten. Auf kurze und mittlere Sicht politisch kaum beeinflußbar scheinen naturwüchsige Ähnlichkeiten, gemeinsame Wertüberzeugungen und die über lange Zeitspannen gewachsenen Abhängigkeiten internationaler Arbeitsteilung zu sein. Dagegen können soziale Nähe und Interaktionshäufigkeit durch eine Politik des Öffnens oder Schließens – der äußeren Grenzen ebenso wie der innergesellschaftlichen Kontaktmöglichkeiten, zum Beispiel von Minderheiten und Migranten – beeinflußt werden. Einflußmöglichkeiten hat die Politik auch auf Gefühle der Gerechtigkeit bzw. Ungerechtigkeit, indem sie zur Lösung eines Problems von verschiedenen Gruppen und Institutionen Leistungsbeiträge einfordert, die von allen Seiten als hinlänglich angemessen oder gerecht empfunden werden. Noch stärker kann, über politische und ökonomische Anreize, die Organisation von Solidarität und, in Verbindung mit geschickter Massenkommunikation, der Auf- oder Abbau von Feindbildern mitgesteuert werden. Im folgenden Kapitel werden die Einwirkungsmöglichkeiten von Politik auf Solidarisierungsprozesse noch konkret zur Sprache kommen.

Die *Grenzen* politischer Herstellbarkeit und Nutzbarkeit von Solidarität sind zweierlei Art. Zum einen liegen sie in denselben Faktoren begründet, die politische Beeinflussung überhaupt in Schranken halten: in den Schwierigkeiten organisatorischer Innovation und sozialer Beeinflussung, in der Widerständigkeit von Interessen und Werthaltungen. Zum anderen ergeben sie sich aus dem Spannungsverhältnis von politischer Regelung, die auf Hierarchien und letztlich auf der Androhung und Anwendung physischer Gewaltsamkeit beruht, und solidarischer Regelung, die sich im Gegensatz dazu aus Gleichheitsgefühlen und zwanglosen Aktionen aus freien Stücken konstituiert. Politisch gemachte Solidarität ist also logisch ein Widerspruch – trotzdem ist sie soziologisch und praktisch kein Unding: moderne Gesellschaften *sind* paradox konstruiert und gewinnen ihre Stärke daraus, Widersprüche nicht zu vernichten oder einseitig aufzulösen, sondern auszuhalten und fruchtbar zu machen. In unserem Falle heißt das, daß *Solidaritätspolitik* – in dem doppelten Sinne, daß sie darauf abzielt, Solidarität sowohl herzustellen als auch für sich arbeiten zu lassen – von den Grenzen lernen kann, an die sie stößt. Sie muß vorgegebene Auffassungen von Ähnlichkeit und Gleichheit, Kooperation, Gerechtigkeitsgefühle, Gegnerschaften etc. genau erspüren und ihre Beeinflussungsversuche behutsam einsetzen. Andernfalls läuft sie Gefahr, daß vorhandene Solidaritätspotentiale sich gegen sie wenden oder daß Solidarisierung in Entsolidarisierung umschlägt; daß das, was gefördert werden soll, also zerstört wird.

Ein Beispiel für das erstere: eine Regierung, die einen Keil zwischen verschiedene Gruppierungen von Arbeitnehmern und Gewerkschaftsfunktionären treiben will, kann wider Willen bewirken, daß sich die Reihen erst recht schließen – und zwar gegen sie.

Ein Beispiel für das zweite: rechtlich verordnete Familiensolidarität zwischen den Generationen, etwa der von Studenten bei den Eltern einklagbare Unterhalt, kann im Konfliktfall dazu führen, daß genuin gewachsene Familiensolidarität zerstört wird.

In jedem Falle können *überzogene Solidaritätsanforderungen* gerade das Gegenteil des Gewünschten, nämlich Solidaritätsverweigerung, bewirken. Auf der anderen Seite bedeuten *unterforderte Solidaritätspotentiale*, daß gesellschaftliche Kapazitäten zur Lösung von Problemen brach liegen. Beides läßt sich unseres Erachtens zeitweise in verschiedenen Phasen der deutschen Vereinigungspolitik zeigen.

Bei der Erkundung und Nutzung von Solidaritätspotentialen kann empirische Sozialwissenschaft Zuarbeit leisten – übrigens nicht nur im Dienste der Herrschenden, sondern gerade auch der Unterlegenen, für die Solidarität oft die wichtigste Machtquelle ist. Soziologische Reflexion kann darüber hinaus die Einsicht beisteuern, daß Solidaritätspotentiale als politische Ressourcen weder unbeschränkt vermehrbar sind, noch daß es sinnvoll ist, sie jederzeit voll auszuschöpfen.

Solidarität ist im Grunde eine nicht festgelegte Ressource soziopolitischer Steuerung. Angesichts ständig neu und oft unerwartet sich stellender Probleme brauchen moderne Gesellschaften ein Potential von a) diffuser, also nicht vorherbestimmter und b) nicht ausgeschöpfter Solidarität, das da einspringt, wo politische Regelungen nicht greifen, zu schwerfällig sind, fehlerhaft sind, wichtige Interessen verletzen. Solidaritätspotentiale stellen so etwas wie mobile Einsatzreserven sozialer Selbststeuerung dar, auf die die Politik nur sehr bedingt und im Notfall zugreifen kann und soll.

2. Kapitel:
Solidarität in der Industriegesellschaft

Klassensolidarität am Ende – oder neues Erwachen in der Beschäftigungspolitik?

Solidaritäten werden durch soziale Probleme herausgefordert. Klassensolidarität verdankt ihr Entstehen den Problemen der im 19. Jahrhundert sich herausbildenden Industriearbeiterschaft: Herausgerissensein aus traditionellen Sozialbindungen, Vereinzelung, niedrige Löhne und schlechte Arbeitsbedingungen, Unsicherheit des Arbeitsplatzes und fehlende soziale Sicherung. Man kann das Entstehen der Arbeitersolidarität ziemlich exakt im dritten Drittel des 18. Jahrhunderts in England lokalisieren. 1769 gibt es eine Welle von Maschinenzerstörungen und ein Gesetz, das Aufruhr gegen die Industrie mit der Todesstrafe ahndet. Trotzdem gehen die Aufstände gegen die Maschinen, durch deren moderne Technologie Arbeitsplätze eingespart werden, weiter. 1779 verbinden sich, in der Grafschaft Lancaster, mehrere tausend Baumwollspinner mit Grubenarbeitern in einem Marsch gegen die Fabriken. Gewalt wird mit Gewalt unterdrückt. Aber eine Solidarität ist geboren – und ein französischer Soziologe sagt, rückblickend, von dem Ereignis, daß es vielleicht wichtiger gewesen sei als der Sturm der Bastille.[12]

Zum ersten Mal wird ein soziales Band zwischen Kategorien von Menschen geknüpft, die bis dahin voneinander getrennt lebten. Allerdings, sie empfanden ihre Lebensbedingungen und Interessen als ähnlich und sahen die gleichen Gegner vor sich. Die Grundlage der Solidarität der Arbeiterschaft ist ihre soziale Nähe, das Zusammenarbeiten in den Fabriken, das Wohnen Wand an Wand oder Straße an Straße, die Hilfsbereitschaft im elenden Alltagsleben, die Mitgliedschaft, später, in denselben Vereinen. Die Gefühlsgrundlage der Arbeitersolidarität ist das Arbeitermilieu; erst später kommen die abstrakteren und wertgeladenen Vorstellungen hinzu, die für die Klassensolidarität charakteristisch sind – Vorstellungen von einer besseren, sozialistischen Gesellschaft, ebenso die Ideen, die den Weg dahin weisen.

Ist nun die Klassensolidarität am Ende, weil die Probleme, die sie hervorgerufen haben, sich erledigt haben und weil die typischen Arbeitermilieus als Lebenswelten sich auflösen? Es ist richtig, daß die Industriegesellschaften die Probleme des Arbeiterelends gelöst haben; die Probleme der Rationalisierung und der Verunsicherung der Arbeitsplätze sind indessen, wenn auch weniger existentiell drückend, geblieben. Entsprechend wird auch weiterhin an die Solidarität der Beschäftigten, besonders derjenigen mit sicherem Arbeitsplatz appelliert. Und was an milieuspezifischen Gefühlen der Zusammengehörigkeit verlorengeht, wird zum Teil durch Interessenkalküle und die darauf gerichtete Interessenpolitik gewerkschaftlicher Organisationen ersetzt.

Jedenfalls ist es erstaunlich, daß die organisierte Solidarität der Arbeitnehmer sich in der Bundesrepublik auf einem im internationalen Vergleich mittleren Niveau stabil hält: Der Organisationsgrad der Gewerkschaften ist in den letzten vierzig Jahren geringfügig gesunken, dann wieder leicht gestiegen und hält sich bei knapp 40%[13], und es gelingt den Gewerkschaften nach wie vor, die generelle Zustimmung der Mitglieder, aber auch eines großen Teils der Nichtmitglieder zu ihren Tarifverhandlungen zu erlangen und auch für neuere übergreifende Ziele zu mobilisieren. In den Jahren 1984/85 brachten sie die größten Streiks der Nachkriegszeit zustande – und dies nicht für die »klassischen« Ziele der Arbeiterbewegung, sondern für Arbeitszeitverkürzungen in Verbindung mit neu zu schaffenden Arbeitsplätzen.

Nach den herkömmlichen Theorien dürfte es die Stärke der gewerkschaftlich organisierten Solidarität, wie sie in der Bundesrepublik zu beobachten ist, gar nicht geben, weil ihre erste Grundlage, das sozial und ethnisch homogene Milieu der Arbeiterschaft mit entsprechender Übereinstimmung der Interessen und Ziele, sich verflüchtigt und weil die an ihre Stelle tretende Organisation von Solidarität in großen Verbänden von der Eigennützigkeit der Individuen und der Ausbeutung des Kollektivs durch die individuellen Nutzenkalküle ausgezehrt wird; so jedenfalls sieht es die Theorie der kollektiven Güter.[14]

In der Tat lassen sich beide Tendenzen empirisch nachweisen. Die »Schwächung der vororganisatorischen Mobilisierungsmechanismen«[15] hängt mit der Ausweitung des tertiären Sektors und der zunehmenden Heterogenität der Arbeitnehmerschaft zusammen. Technischer Wandel verdrängt Berufe mit traditionell starkem Gemeinschaftsgefühl wie Drucker, Tischler, Maurer und Zimmerer. Der männliche deutsche Arbeitnehmer, in dessen Lebensmittelpunkt der Beruf stand, findet sich mehr und mehr von weiblichen und ausländischen Arbeitnehmern umgeben, in deren Interessenspektrum Beruf und berufliche Solidarität mit anderen Solidaritäten und Loyalitäten konkurrieren. Die räumliche Mobilität und die Mobilität der Beschäftigten zwischen verschiedenen Betrieben nimmt zu. Die Schere zwischen hoch- und niedrigqualifizierten Berufen, zwischen Kern- und Randbelegschaften mit unterschiedlichem Risiko der Arbeitslosigkeit öffnet sich weiter. Die gesamtgesellschaftliche Verbreitung kultureller Symbole und Freizeitwerte verringert den Einfluß gemeinschaftsbildender Faktoren wie Arbeitsplatz, Wohnort, Beruf, Schicht und Status und entsprechender gruppenspezifischer Identitäten zugunsten individuell wählbarer Identitäten, die sich aus verschiedenen Elementen einer umfassenderen Kultur zusammensetzen lassen. Kurz, die gemeinschaftsbildenden Kräfte und die Gemeinsamkeit der Interessen, auf die sich Gewerkschaften in früherer Zeit stützen konnten, sind sichtbar geschwächt.[16]

Es haben sich aber auch die Bedingungen formaler Organisierung von Solidarität verschlechtert, sofern das, was die Gewerkschaften anbieten, immer weniger individuell zurechenbare Vorteile für die Mitglieder sind und immer mehr den Charakter von öffentlichen Gütern annimmt, von denen man, wie bei Tarifabschlüssen, auch Nichtmitglieder nicht ausschließen kann. Der Tendenz zum Produzenten öffentlicher Güter entspricht die Übernahme öffentlicher Funktionen durch die Gewerkschaften, von der Mitverwaltung der Systeme sozialer Sicherheit bis hin zur gesamtwirtschaftlichen Steuerung etwa über konzertierte Aktionen. Es hat sich dafür der Begriff Neokorporativismus eingebürgert. Die Kehrseite dieser Tendenz ist, daß die Gewerkschaften in die von Mancur Olson u. a.[17] analysierten Schwierigkeiten einer »großen Gruppe« mit freiwilliger Mitgliedschaft geraten: da sie Solidaritätsbeiträge im weiteren Sinn nicht durch die Vorenthaltung von Leistungen erzwingen können, sind sie für ihre Klienten prinzipiell »ausbeutbar« geworden. »Trittbrettfahrer« können von den Leistungen der Organisation profitieren, ohne dafür zu bezahlen. Bringt man dies zusammen mit der vorher erörterten sozialstrukturellen Schwächung ihrer informellen Basis, dann wird das Problem in seiner ganzen Schärfe deutlich: Gewerkschaften können ihre zunehmend öffentlichen Funktionen bzw. gesamtgesellschaftlichen Integrationsleistungen nur als starke Organisationen erfüllen – ihre Macht, die auf der Solidarität der Mitglieder beruht, wird aber durch die erwähnten Prozesse, also letztlich auch durch die Erstellung öffentlicher Güter, tendenziell ständig geringer.

Will man erklären, warum die deutschen Gewerkschaften sich den theoretischen Prognosen zum Trotz als starke Solidarorganisationen erhalten haben, dann bieten sich drei Faktoren an. Den ersten könnte man »tradierte Solidarität« nennen: die im kollektiven Gedächtnis erhaltene und immer wieder beschworene Solidarität früherer Zeiten und die darauf zurückführbaren Erfolge.

Zweitens ist die »Verwandlung von Solidarität« mit Hilfe von innerorganisatorischen Maßnahmen zu nennen: so ist es gelungen, die Mitgliedermotivation von Gemeinschaftsgefühlen auf Nutzenkalküle umzustellen. Der säkulare Prozeß des Übergangs von Gemeinschaft zu Gesellschaft vollzieht sich innerhalb der Gewerkschaften durch so triviale administrative und technologische Maßnahmen wie Mitgliedsdefinitionen und Beitragseinzug. Während die deutschen Gewerkschaften bis in die sechziger Jahre hinein säumige Beitragszahler ausschlossen, verfügte man danach durch die Einführung von formalen Kündigungsklauseln, daß der Austritt erst dann als erfolgt gilt, wenn alle Verpflichtungen gegenüber der Gewerkschaft, sprich Beitragszahlung, erfüllt sind. Führte Apathie vorher zum Verlust der Mitgliedschaft, so führt sie jetzt zu ihrer Erhaltung. Damit einher geht die Tendenz, Solidarität statt durch persönliche Bindungen immer mehr durch kontraktuelle sicherzustellen: Während früher alle wichtigen Funktionen – Rekrutierung von Mitgliedern, Kassieren von Beiträgen, politische Willensbildung, Interessenvertretung gegenüber dem Arbeitgeber usw. – von Arbeitskollegen im Betrieb erledigt wurden, die man persönlich kannte, werden nun formal spezifische Institutionen wie halbprofessionelle Werbekolonnen, Mahnabteilungen, Bankeinzug etc. geschaffen, die die Erhaltung von Solidaritätspotentialen über die Zeit hinweg gewährleisten sollen.[18]

Drittens kann der langfristige tendenzielle Machtverlust der Gewerkschaften dadurch aufgehalten werden, daß ihnen von anderer Seite, genauer vom Arbeitgeber und von staatlichen Instanzen, Mobilisierungsressourcen gleichsam »leihweise« zur Verfügung gestellt werden. Dies geschieht in anderen Ländern etwa über den »closed shop« oder besondere Funktionsübertragungen, zum Beispiel bei der Verwaltung der Arbeitslosenversicherung, in Deutschland durch Mitbestimmung im weitesten Sinne und die Institution des Betriebsrats im besonderen. Es sind die materiellen, persönlichen und symbolischen Erfolge, die die Gewerkschaften bei der betrieblichen ebenso wie der überbetrieblichen Wirtschafts- und Sozialpolitik aufzuweisen haben, die als gute Gründe für weitere Solidaritätsaufrufe dienen können. In der Bundesrepublik ebenso wie in den anderen mittel- und nordeuropäischen Gesellschaften, die in besonderem Maße als neokorporativistische bezeichnet werden können (skandinavische Länder und Österreich), wird die organisierte Solidarität der Arbeitnehmerschaft weniger durch harte Konfrontation, mehr durch Institutionen der gemeinsamen Entscheidungsfindung und des Interessenausgleichs bestärkt.[19]

Läßt sich die gewerkschaftlich organisierte Solidarität der Arbeitnehmerschaft dazu einsetzen, eines der großen gesellschaftlichen Dauerprobleme der Gegenwart, die Arbeitslosigkeit, zu lösen? Der Ministerpräsident des Saarlandes, Oskar Lafontaine, ging im Februar 1988 mit einem entsprechenden Vorschlag an die Öffentlichkeit: weitere Arbeitszeitverkürzungen sollten – zumindest für die Höherverdienenden – ohne vollen Lohnausgleich erfolgen; statt dessen sollten zusätzliche Arbeitsplätze geschaffen werden. Meinungsumfragen im Frühjahr 1988 ergaben, daß fast 60 % der Befragten Lafontaines Vorschlag gut fanden und nur 27 % ihn ablehnten. Die Zustimmung wuchs mit steigendem Einkommen; die Höherverdienenden, die stärker zur Kasse gebeten werden sollten, zeigten also gleichwohl höhere Solidaritätsbereitschaft.[20]

Wie eine Reihe von Umfragen zeigt, wird die Solidaritätsbereitschaft derjenigen, die in das Arbeitssystem integriert sind, mit den Arbeitslosen und auf einen Arbeitsplatz Hoffenden auch noch durch die individuelle Interessiertheit der ersteren an kürzeren und flexiblen Arbeitszeiten bestärkt.[21] Warum wird das hier vorhandene Solidaritäts- und Interessenpotential nicht genutzt?

Es liegt nahe, den »schwarzen Peter« zunächst den Gewerkschaften zuzuschieben, die den Vorschlag Lafontaines ablehnten. Die Einheitsgewerkschaften als »großsolidarische Organisationen« haben ein Organisationsinteresse daran, daß entsprechende Problemlösungen zentral ausgehandelt werden, also in ihrem Zuständigkeitsbereich verbleiben. Die durchaus denkbaren Vorstöße einzelner Belegschaften, den jeweiligen Unternehmern einen Solidarbeitrag zur Schaffung neuer Arbeitsplätze anzubieten, werden also von ihnen nicht gefördert. Andererseits ist es nicht nur die Schwerfälligkeit der großen Organisationen, die sie vor einer dezentralen Lösung des Problems zurückschrecken läßt. Wollten nämlich die deutschen Gewerkschaften, die sich während der ganzen Geschichte der Bundesrepublik in ihren Lohnforderungen, wie der internationale Vergleich zeigt, äußerst zurückgehalten haben, nun darüber hinausgehend auch noch einen Lohnverzicht zugunsten derjenigen propagieren, die draußen vor der Tür des Arbeitssystems stehen und zum großen Teil auch nicht gewerkschaftlich organisiert sind, dann kämen sie nicht nur in einen Zielkonflikt zwischen ihrer traditionellen Aufgabe, höhere Löhne zu fordern, und einem neueren Engagement in der Beschäftigungspolitik; sie stünden auch in einem Konflikt zwischen der Solidarität der Beschäftigten untereinander und der Solidarität der Beschäftigten mit den Nichtbeschäftigten. Durch einen Vorschlag wie den Lafontaines wird den Gewerkschaften angesonnen, eine Solidarität zu organisieren, die über ihre Mitglieder und ihre traditionellen Aufgaben hinausreicht.

Nun gehört es zur Tradition der Arbeiter- und Gewerkschaftsbewegung, Solidarität als Wert weiter zu fassen, als die Interessenvertretung für die gewerkschaftlich Organisierten reicht. Das hat sich nicht geändert. Im Gegenteil, die deutschen Einheitsgewerkschaften sind tief von einem gesamtwirtschaftlichen und gesamtgesellschaftlichen Verantwortungsbewußtsein durchdrungen, was sie manches Mal zur Zielscheibe radikaler Kritiker der bestehenden Ordnung gemacht hat.

Wenn die Gewerkschaften das Solidaritätspotential, auf das sie zurückgreifen könnten, beschäftigungspolitisch nicht voll einsetzen, dann hat das einen besonderen Grund. Es ist dies die »realistische« Einschätzung des Unternehmerverhaltens, die von einer Mehrheit der Befragten geteilt wird: »Auch bei kürzerer Arbeitszeit stellen die Betriebe keine neuen Leute ein, es werden mehr Maschinen eingesetzt, oder der einzelne muß mehr arbeiten.«[22]

An dieser Stelle wird deutlich, daß Klassensolidarität, selbst wenn sie in hohem Maße bereitsteht und gewerkschaftlich mobilisiert würde, für sich allein mit der Lösung beschäftigungspolitischer Aufgaben weit überfordert ist. Ohne Lösungs- bzw. Solidarbeiträge von Unternehmern und Staat mündet sie nur in ein Gefühl der Vergeblichkeit und des Düpiertwordenseins.

Die Unternehmer sind angesichts des Solidaritätspotentials der Beschäftigten in zweifacher Weise gefordert. Als Arbeitgeber müssen sie Arbeitsplätze schaffen bzw. Verhandlungsmodelle anbieten, in denen deutlich gemacht wird, welcher Problemlösungsbeitrag von Arbeitgeberseite dem Solidarbeitrag der Arbeitnehmer gegenübersteht und diesen erst wirksam werden läßt; als Unternehmer können sie durch Einkommens- oder Gewinnverzicht demonstrieren, daß sie sich mit dem Einkommensverzicht der Beschäftigten solidarisieren. Es kommt dabei mehr auf die symbolische Funktion als auf die materielle Größenordnung an. Von den Arbeitnehmern mit beschäftigungspolitischen Argumenten Lohnverzicht zu verlangen, während gleichzeitig über Jahre hinweg die Gewinne in zweistelligen Prozentzahlen wachsen, ist ein Unding. Solidarität als Instrument zur Lösung gesellschaftlicher und wirtschaftlicher Probleme beruht, wie wir bereits im vorigen Kapitel gezeigt haben, auf dem Gefühl aller zur Solidarität Aufgerufenen, daß ihr Solidarbeitrag in einem gerechten Verhältnis zu dem der anderen Beteiligten und Verantwortlichen steht.

Es sind nicht nur die Arbeitgeber, deren Solidarbeitrag in der Beschäftigungspolitik man vergeblich sucht. Auch der Staat, also das größere Kollektiv, ist seine Solidarbeiträge, etwa in Form von steuerbegünstigenden Modellen, für die Tarifpartner schuldig geblieben. Mehr noch: »Wo der Staat als Arbeitgeber im Öffentlichen Dienst auftritt, bleibt die Beschäftigungspolitik in der Hinterhand, wird nur halbherzig verfolgt. Selbst die saarländische Landesregierung hat es trotz der Initiativen und Bekenntnisse ihres Chefs nicht vermocht, Zug um Zug mit der Verkürzung der Wochenarbeitszeit neue Einstellungen vorzunehmen. Dies ist nicht zuletzt auf eine Tabuisierung entschlossener Schritte in Richtung individuell-flexible und reversible Arbeitszeitarrangements zurückzuführen, die sich nicht nur auf die Wochenarbeitszeit, sondern auch auf die Regelung der Jahres- und

Lebensarbeitszeit erstreckt. Hier bleibt ein wichtiges, für die Öffentlichkeit und viele einzelne Betroffene prioritäres Feld politisch noch unbesetzt.«[23]

Das Fazit zum Thema »Beschäftigungspolitik mit dem Mittel der Klassensolidarität« ist eindeutig: es fehlt nicht an der Solidarität der Arbeitnehmer, auch nicht an der Solidaritätsbereitschaft der weiteren Bevölkerung. Vielmehr sind diese Solidaritätspotentiale bisher nicht genutzt worden, weil es keine unternehmerischen und staatlichen Maßnahmen der Beschäftigungspolitik gab, die auch einen als gerecht empfundenen Solidarbeitrag von dieser Seite hätten erkennen lassen. Gesamtgesellschaftliche Aufgaben wie die Bekämpfung chronischer Arbeitslosigkeit sind heute nicht mehr nur durch eine Seite von Akteuren und entsprechende Teilsolidaritäten zu meistern; sie erfordern Anstrengungen verschiedener Seiten und entsprechend übergreifende Solidaritäten. Klassensolidarität verweist also, konfrontiert mit konkreten Problemen, über sich hinaus auf gesellschaftliche Solidarität.

Die vorangegangene Analyse erfordert noch eine Schlußbemerkung. *Warum* sind die vorhandenen Solidaritätspotentiale zur Bekämpfung der Arbeitslosigkeit nicht in Anspruch genommen worden? Die eine Antwort mag lauten: wegen der Schwierigkeiten der Organisation oder dem Vorherrschen partikularer Interessen. Die andere: weil konsequente und erfolgreiche Bekämpfung der Arbeitslosigkeit nolens volens auf Kosten des Produktivitätsfortschritts gehen würde, von dem alle profitieren – die Verbraucher, weil sie preiswerte Waren bekommen; die Unternehmer, weil sie mit modernster und arbeitssparender Ausrüstung hohe Gewinne machen und ihre internationale Konkurrenzfähigkeit sichern; die Beschäftigten, weil Produktivitätserhöhungen die Basis für Lohnsteigerungen abgeben. So mag es, trotz ernst gemeinter Bekundungen besonders der Gewerkschaften für eine Ausweitung des Beschäftigungsvolumens, insgeheim eine unausgesprochene »große Koalition« dafür geben, eine Politik gesellschaftlicher Modernisierung und Produktivitätssteigerung einer konsequenten Vollbeschäftigungspolitik vorzuziehen. Die Zeche bezahlen die Arbeitslosen und die Randbelegschaften, die immer in der Furcht leben, als nächste der Modernisierungsarbeitslosigkeit anheim zu fallen. Fehlt es also doch an Solidarität mit denjenigen, die im Hochleistungsapparat einer produktivitätsorientierten Wachstumswirtschaft überflüssig werden? Diejenigen, die ihnen als abhängig Beschäftigte vom sozialen Status her nahe stehen, wollen solidarisch sein, können es aber nicht, weil ihnen die beschäftigungspolitisch wirksamen Möglichkeiten nicht geboten werden. Diejenigen, die Produktivitätssteigerung vor Solidarität setzen, können immer noch argumentieren, daß auch den Arbeitslosen und von Arbeitslosigkeit Bedrohten gesellschaftliche Solidarität in Form des sozialen Netzes zuteil werde. Wie steht es mit dieser Solidarität im Sozialstaat?

Solidaritätsprobleme im Sozialstaat

Der Sozialstaat, also die durch staatlich garantierte Versicherungssysteme organisierte Unterstützung der sozial Schwachen durch die Leistungsfähigen, kann im Prinzip mit einer hohen Akzeptanz rechnen. Sieht man genauer hin, dann werden die Unterstützungsleistungen über den Sozialstaat allerdings nicht nur mit solidarischen Gefühlen, sondern auch zähneknirschend gegeben, weil man Mißbrauch fürchtet. So rangierte bei einer repräsentativen Umfrage aus dem Jahre 1982 der Satz: »Strenger überprüfen, wer Arbeitslosenunterstützung bekommt« mit 80% Zustimmung an der Spitze aller Maßnahmen, die gegen die Arbeitslosigkeit vorgeschlagen wurden.[24]
Die Institutionen des Sozialstaats leiden besonders unter dem, was man das »Dilemma der Solidarität« nennen könnte: je mehr Menschen in eine Solidaritätsverbindung eingeschlossen werden, je größer also die Reichweite der Solidarität, desto schwächer die Solidaritätsgefühle, die sich nun nicht mehr auf persönliches Kennen und direkte soziale Kontrolle innerhalb des Solidarverbundes stützen können. Soziale Kontrolle muß vielmehr formal erzwungen werden, genauso wie die Mitgliedschaft in der Regel eine Zwangsmitgliedschaft ist. Man fragt sich deshalb, ob die Großorganisationen des Sozialstaats, die mit einer Restemphase gerne als »Solidargemeinschaften« tituliert werden, diesen Namen überhaupt verdienen.
Wir haben es mit einer durchaus widersprüchlichen Entwicklung zu tun: auf der einen Seite tendieren die großen Solidarorganisationen des Sozialstaats, die nun mehr als hundert Jahre alt sind und zu denen neben den gesetzlichen Versicherungssystemen auch die freien Wohlfahrtsverbände gezählt werden können, dazu, sich immer weiter aus-

zudehnen. Auf der anderen Seite wachsen die Probleme, die sich aus der Expansion, ja aus dem Erfolg dieser Großorganisationen ergeben.

Das Bismarcksche Sozialversicherungssystem, eine genuin deutsche Sozialinnovation, trägt von Anbeginn in sich ein zwiespältiges Verhältnis zur Arbeitersolidarität. Zum einen ist es als Gegenbewegung zur wachsenden Klassensolidarität, ja geradezu aus Furcht vor ihr entstanden. Zum anderen baut es auf ihr auf und erweitert sie in einer Weise, die man von heute aus gesehen als genial bezeichnen möchte: nicht nur daß der Staat mit den gesetzlichen Kranken-, Renten- und Unfallversicherungen die abhängig Beschäftigten in Solidaritätspakte zwingt und über steuerliche Zuschüsse selbst zunehmend Garant und Teilhaber dieses Paktes wird, sondern er bindet auch die Unternehmer mit ihren Beitragsverpflichtungen in den Pakt ein. Daß die Beitragsverpflichtung der Unternehmer heute in bezug auf jeden einzelnen Arbeitnehmer genauso hoch sind wie dessen eigener Beitrag, erweckt den Eindruck einer gerechten Lastenverteilung, der ja für Solidarinstitutionen von großer Wichtigkeit ist. Die Arbeitgeber, obwohl selber nicht unmittelbar Nutznießer des Solidarsystems, werden so doch zu dessen mitzahlendem Teil.

Die Ausdehnung der sozialstaatlichen Solidarorganisationen geht aber auch »horizontal« vor sich: angetrieben von dem Postulat, Privilegien sozialer Sicherung zwischen Arbeitern, Angestellten, Bauern und Beamten etc. abzubauen und alle Staatsbürger nicht nur im Hinblick auf das Wahlrecht, sondern auch im Hinblick auf die Absicherung gegen soziale Risiken gleich zu behandeln, gibt es neben Tendenzen der Ausdifferenzierung auch solche zur Vereinheitlichung der Sicherungssysteme, an deren Ende dann die Verwandlung des Versicherungsgedankens in den Gedanken der Volksrente oder der allgemeinen Grundsicherung steht. Dies ist in gewisser Weise eine konsequente Entwicklung von eher berufsständischen Solidaritätsorganisationen hin zur sozialstaatlichen Solidarität aller Bürger.

Allerdings, mit der vergrößerten Reichweite der Solidarsysteme geht auch eine innere Schwächung einher. Das Problem läßt sich in »vier Thesen zum überforderten Sozialstaat« formulieren.

Erstens: Die Ausweitung des finanziellen Solidarnetzes verlangt den Leistungsfähigen immer größere Geldbeiträge ab, ohne daß noch ein funktionaler oder persönlicher Zusammenhang zu den Leistungsempfängern zu erkennen wäre. Resultat: Der Leistungswille derjenigen, die zur Kasse gebeten werden, erlahmt.

Zweitens: Mit der Größe der Solidarorganisationen verschärft sich das von Mancur Olson[25] pointierte Problem der kollektiven Güter: es kommt zur »Ausbeutung« der Organisation durch die Individuen, der Leistungsstarken durch die Leistungsschwachen, obwohl die am meisten Hilfsbedürftigen ihre Ansprüche oft nicht einmal geltend machen.

Drittens: Als Finanzverteilungsinstitutionen verfehlen die Solidarorganisationen das Problem der persönlichen Hilfeleistungen für persönliche Hilfsbedürftigkeit.

Viertens: Sofern es sich, wie bei den freien Wohlfahrtsverbänden, um Organisation auch von persönlichen Hilfsdiensten handelt, verfehlen diese doch aufgrund der Größe und Anonymität der Organisation und aufgrund von Zeitknappheit und Professionalisierung der Hilfeleistungen Bedürfnisse nach persönlicher Wärme und dauerhafter Zuwendung. Darüber hinaus richten die traditionellen Großorganisationen sozialer Hilfe ungewollt Zugangsbarrieren auf, weil es gerade bei bedürftigen Menschen eine Scheu vor jeder Art von Organisation gibt und weil andere vom Ruch der Armenhilfe abgeschreckt werden.

Für die beiden erstgenannten Solidarprobleme liegt die Lösung, theoretisch, auf der Hand: Verkleinerung der Organisationen oder Untergliederung mit dem Ziel, soziale Nähe und soziale Kontrolle zu vergrößern. Praktisch ist dieser Weg zurück aber kaum noch begehbar, würde doch eine Verkleinerung der Sicherungssysteme ihre finanziellen Risiken vergrößern und auch der Tatsache nicht Rechnung tragen, daß ökonomische und gesellschaftliche Arbeitsteilung immer mehr Menschen voneinander abhängig machen – in gewisser Weise auch die Leistungstüchtigen von den Leistungsschwachen.

An dieser Einsicht muß eine Politik ansetzen, die sozialstaatliche Solidarität in Form von finanziellen Ausgleichsprozessen stärken will. Was in der politischen Diskussion des Sozialstaats nahezu völlig fehlt, ist die Einsicht, daß soziale Tüchtigkeit einerseits und soziale Bedürftigkeit andererseits nur zwei Seiten derselben Medaille sind. »Freie Bahn dem Tüchtigen« ist kein selbstverständlicher, gleichsam naturwüchsiger Zustand, sondern ein gesellschaftlich gemachter Wert. Eine Gesellschaft erzeugt mit Entfaltungschancen im gleichen Zuge auch Versagungen und Enttäuschungen. Marktchancen und Aufstiegsmöglichkeiten als soziale Konstrukte implizieren nicht nur hohe Einkommen, Prestige, Selbstentfaltung, sondern zugleich – und im Zusammenhang damit – relative Deprivation, sozialen Abstieg, Zurücksetzungen, Hilflosigkeit. Leistungstüchtigkeit und Leistungsschwäche sind Ausdruck desselben gesellschaftlichen Konstruktionsprinzips. Eine Gesellschaft, die keine soziale Benachteiligung und soziale Schwäche zuläßt, läßt auch keine erfolgreichen Unternehmer, keine reputierten Wissenschaftler, keine Genußmenschen des Reichtums zu. In diesem Sinne sind die Tüchtigen und Genießenden von den sozial Schwachen und Frustrierten abhängig. Tüchtigkeit und Reichtum sind nur scheinbar bzw. nur zum Teil das Verdienst von Individuen; vielmehr sind sie das Resultat einer bestimmten Gesellschaftsform und müssen von dieser entgolten werden. Die Einsicht, daß Solidarität im Sozialstaat nicht nur humanitär, sondern auch soziologisch, also in handfesten sozialen Zusammenhängen begründet ist, müßte in einem Programm für die politische Bildung entwickelt werden.

Die Inhalte eines solchen Bildungs-Programms zur Bestärkung sozialstaatlicher Solidarität stünden in völligem Gegensatz zu der heute vorherrschenden Vorstellung, es gäbe eine »objektive« Grenze der Belastbarkeit der Individuen in bezug auf ihre Beiträge zum Sozialstaat. Eine solche objektive Grenze gibt es nicht. Gefühle der Belastbarkeit variieren vielmehr mit der Veränderung wirtschaftlicher Produktivität und gesellschaftlicher Chancen, ferner mit der Einsicht der Beitragsleistenden, daß die durch die Sozialordnung gewährte Chance zur Leistungsentfaltung die Maßstäbe setzt, an denen gemessen die Leistungsschwächeren zu »Sozialfällen« werden. Eine solche Einsicht kann Solidarität stiften. Sie steht im Widerspruch zu einer politischen Ideologie, die das Geldeinkommen und die Entfaltungschancen des Einzelnen nur als dessen persönliches Verdienst und seine Abgaben an den Sozialstaat als persönliche Opfer statt als wohlverstandenen Preis für entfaltungsfreundliche Institutionen und als Solidaritätsbeiträge begreift.

Über die Wirksamkeit von »solidaritätsbildenden Maßnahmen« in der politischen Bildung und die dadurch anzusprechenden Solidaritätspotentiale wissen wir wenig. Anders sieht es mit den Potentialen »tätiger Solidarität« aus, auf die zurückgegriffen werden kann, um die Probleme zu mildern, vor die sich die sozialstaatliche Solidarität im

Hinblick auf persönliche Hilfeleistungen gestellt sieht. (Siehe die oben genannten Probleme 3 und 4.) Aus einer Reihe von Umfragen in den letzten 10 Jahren, deren Ergebnisse je nach Fragestellungen geringfügig variieren, läßt sich schließen, daß zwischen 15 und 20% der erwachsenen Bürger ehrenamtlich oder in Selbsthilfegruppen im Sozial- und Gesundheitsbereich engagiert sind und daß ca. 30% ihre Bereitschaft zum Engagement erklären.[26]
Analysiert man die Ergebnisse im Detail, dann läßt sich nicht ohne weiteres eine Zu- oder Abnahme sozialen Engagements konstatieren, wohl aber eine innere Verwandlung: Während ehrenamtliche Tätigkeit in den traditionellen Organisationen der Sozialhilfe weniger gefragt ist – schon das Wort ehrenamtlich wirkt in seinen beiden Teilen eher anachronistisch –, steigt die Zahl derjenigen, die sich im Selbsthilfebereich im weiteren Sinn engagieren wollen. Diese »neuen Helfer« unterscheiden sich erheblich von den »alten«. Dominierten bei diesen die opferbereiten Hausfrauen mittleren Alters ohne berufliche Qualifikation und mit religiösen Bindungen, so sind jene jünger, höher qualifiziert, berufstätig, mehr an Selbstentfaltung als an Aufopferung interessiert. Bemerkenswerterweise zeigen Männer zwischen 30 und 45 Jahren sogar eine stärkere Bereitschaft zum Engagement als Frauen, die in diesem Alter besonders unter Doppelbelastung stöhnen.[27]
Aus den sozialstrukturellen Merkmalen dieses neuen Helfertypus ergibt sich auch, daß die hier praktizierte oder in Aussicht gestellte persönliche Solidarität ganz anders aussieht als die »alte Opferbereitschaft«. Die neuen Helfer, die ja in der Regel berufstätig sind, suchen Engagements, die zeitlich, sachlich und in der Belastung begrenzbar sind und es erlauben, sich wieder auf sich selbst zurückzuziehen. Sie wollen diese Engagements frei wählen können und sie eher egalitär als bevormundend ausgestalten.
Aus all dem ergibt sich, daß die neuen Solidaritäten nicht Ersatz, sondern nur Ergänzung zur professionalisierten und organisierten Hilfe der herkömmlichen Institutionen sein können. Der Frage, wie neue sozialpolitische Solidaritätspotentiale durch politische und wissenschaftliche Incentives zu mobilisieren sind und welche Schwierigkeiten dabei auftauchen, widmen wir die folgenden drei Abschnitte.

Zerbricht die Solidarität der Generationen?

Sozialstaatliche Probleme sind heute zum großen Teil Probleme der Solidarität zwischen den Generationen: wie gewährleisten die aktiven mittleren und jüngeren Jahrgänge die materielle Absicherung, aber auch die persönliche Pflege und Zuwendung, deren die Älteren bedürfen? Und wie finanzieren sie, nach der anderen Richtung, die immer längeren Ausbildungszeiten der Kinder und statten sie mit der Stärke und Stabilität der Gefühle und Motive aus, aus denen Bildungs- und Leistungsfähigkeit, also Lebenstüchtigkeit erwächst?

Die Probleme haben also eine materielle und eine persönliche Seite, und sie stellen sich in zwei Richtungen, wobei die jeweils mittleren Kohorten im Zentrum der Probleme stehen, weil die Solidaritätsanforderungen sich auf sie konzentrieren. (Solidaritätsprobleme zwischen den Generationen stellen sich nicht nur sozialpolitisch, sondern auch im Hinblick auf ökologische und andere Belastungen, können aber hier nicht in ihrer ganzen Vielfalt erörtert werden.) Nicht nur in den zur Dramatisierung neigenden Massenmedien, sondern auch in wissenschaftlichen Abhandlungen verdichtet sich die These, finanzielle und persönliche Belastungen des intergenerationellen Ausgleichs überforderten die beruflich aktiven Jahrgänge, so daß sie den Generationenvertrag aufkündigen würden. Meinhard Miegel, Vorstand des Instituts für Wirtschaft und Gesellschaft Bonn e. V.: »Die Hoffnung, die künftig Aktiven würden solche Lasten tragen, ist unbegründet. Sie werden entweder das System durch Gesetzesänderungen zerbrechen oder so wirkungsvoll unterlaufen, daß seine Funktionsfähigkeit ausgeschlossen ist.«[28]

Tatsächlich spricht auf den ersten Blick eine Reihe von Faktoren dafür, daß der früher zwangsläufige Zusammenhalt der Generationen in der traditionellen Familie durch die Ausdifferenzierung a) sozialstaatlicher Sicherungssysteme und b) spezifischer Jugend- und Altenkulturen mit jeweils eigenen konkurrierenden Solidaritäten immer prekärer wird:

– In den anonymen Großorganisationen sozialer Sicherung sind Leistungen und Gegenleistungen nicht mehr persönlich zurechenbar.
– Im besonderen führen Geburtenrückgang und Langlebigkeit dazu, daß immer weniger Leute mittleren und jüngeren Alters immer

mehr ältere mitversorgen müssen. Die arbeitende Bevölkerung sieht einen wachsenden Anteil ihres Einkommens in Form von »erzwungenen Solidarbeiträgen« entschwinden.
- Diese Tendenz wird noch dadurch verstärkt, daß eine hochgradig produktivitätsorientierte Wirtschaft über erhöhte Leistungsanforderungen im Arbeitsleben diejenigen ausgrenzt bzw. in die Arbeitslosigkeit verweist, die den steigenden Leistungsansprüchen nicht genügen können.
- Damit zusammen hängt die Tendenz, das Rentenalter vorzuziehen und jüngere Leute erst später, nach ausgedehnter Ausbildung und Berufsvorbereitung, ins Arbeitsleben einzubeziehen. Die Berufstätigen finanzieren dies nicht nur über Sozialversicherungsbeiträge, sondern auch über höhere Steuern.
- Zugleich fühlen sie sich von denjenigen, die sie mitversorgen, zunehmend sozial distanziert. »Unten« und »oben« an der Alterspyramide bilden sich zusehends eigene Kulturen des Konsumierens, des Reisens, des Müßiggangs und der sozialen Freiräume aus, auf die diejenigen, die unter Erwerbszwängen stehen, mit Neid blicken.
- Hinzu kommt, daß die Alten beginnen, eine eigene organisierte Solidarität auszubilden und dies als »Graue Panther« in einem offensiven Forderungslobbyismus öffentlich demonstrieren.
- Bei den Jugendlichen sind zwar kaum entsprechende organisierte Interessensolidaritäten zu beobachten, wohl aber spezifische Solidargemeinschaften, die sich um bestimmte Werthaltungen und ökologische, pazifistische, religiöse, individualistische Engagements kristallisieren. Sie sind Ausdruck einer Jugendkultur, die in Zusammenhang mit dem expandierenden Bildungssektor gedeiht und zumindest unterschwellig an eine latente Solidarität des Bildungsmenschentums gegen das Berufsmenschentum appelliert.
- Schließlich wird der Konflikt zwischen den Generationen innerhalb der Familien sogar rechtlich reduziert, indem Jugendliche von den Eltern Ausbildungsbeihilfen und Lebensunterhalt einklagen können.

Diese Tendenzen zusammengenommen müssen dazu herhalten, ein publizistisch eindrucksvolles Schreckensszenario der »Entsolidarisierung« zwischen den Generationen an die Wand zu malen und interessenpolitisch die »Grenze der Belastbarkeit« der mittleren Generation zu signalisieren.

Die Gegenargumente und gegenläufigen Prozesse finden indessen in der öffentlichen Diskussion weniger Beachtung:

- Produktivitätssteigerungen erlauben auch steigende Solidarleistungen in Form von Beiträgen und Steuern, ohne daß der Lebensstandard der Zahlenden beeinträchtigt wird. Es gibt keine absolute Grenze der Belastbarkeit, erst recht nicht bei insgesamt steigendem Wohlstand. Ob die Beitrags- und Steuerzahler sich über die Maßen belastet fühlen, hängt von ihrem Anspruchsniveau, ihrer Meinung zur angemessenen Zusammensetzung der privaten und öffentlichen Komponenten sozialer Wohlfahrt, ihrer Einsicht in die demographischen und strukturellen Bedingungen des intergenerationellen Ausgleichs und ihrer Erwartung ab, selbst später von diesem Ausgleich zu profitieren.
- Die finanzielle Mehrbelastung der aktiven Erwerbsbevölkerung wird auf längere Sicht gestoppt, sofern der Geburtenrückgang zum Stillstand kommt oder durch Zuwanderung kompensiert wird.
- Die Distanzierung der Generationen voneinander – sowohl in den Großorganisationen der sozialen Sicherung als auch in den altersspezifischen Subkulturen – wird in der sozialen Nähe und Vertrautheit der Familien aufgefangen. Alle Indikatoren weisen darauf hin, daß die innerfamiliale Solidarität nicht ab-, eher zugenommen hat. Zum Beispiel werden, der Doppelbelastung der berufstätigen Frauen zum Trotz, immer noch 80 bis 90 % aller pflegebedürftigen Personen in der Familie gepflegt.
- Im Gegenzug verteilt die Generation der Großeltern, die mittlerweile über vergleichsweise hohe Renten und beträchtliche Vermögenswerte verfügt, diese an die Kinder und Kindeskinder um. So liegt im steigenden Wohlstand auch die Chance, Solidarität zwischen den Generationen materiell neu zu fundieren.
- Die Fälle, in denen Heranwachsende die Finanzierung ihrer Ausbildung bei den Eltern einklagen, so zu erkennen gebend, daß Familiensolidarität verschwunden oder gescheitert ist, bleiben Ausnahmen.[29]
- Die Verwandlung der Beziehung zwischen Jugendlichen und Eltern von einer emphatischen Liebesbindung in ein nicht konfliktfreies, aber hilfreiches, eher freundschaftliches und nützliches Ver-

hältnis spiegelt sich in den Ergebnissen von identischen Umfragen 1962 und 1983: Die Prozentzahl von Jugendlichen, die das Verhältnis zu den Eltern mit dem Satz »Wir lieben uns und bedeuten uns alles« charakterisieren, geht stark zurück, es steigt die Zahl derjenigen, die sagen, daß sie mit den Eltern gut auskommen; dies sind über 50%. Auch die Zahl derjenigen, die angeben, manchmal Meinungsverschiedenheiten mit den Eltern zu haben, nimmt zu. Dagegen sind diejenigen, die das Verhältnis zu den Eltern als schlecht oder gleichgültig kennzeichnen, nach wie vor eine verschwindende Minderheit.[30] Zwar messen die Daten Solidarität nicht direkt. Sie zeigen aber, daß die Voraussetzungen für solidarische Beziehungen, nämlich freundschaftliches, konflikthaltiges und beileibe nicht überschwengliches Zusammenstehen gegeben sind.

– Daß in den Familien auch tatsächlich – und zunehmend – Solidarität geübt wird, läßt sich eher daraus schließen, daß, beginnend mit den Geburtsjahrgängen Mitte der fünfziger Jahre, junge Frauen und Männer wieder später von zu Hause ausziehen. Dies ist zwar auch, aber nicht nur durch den Mangel an erschwinglichen Wohnungen zu erklären und um so erstaunlicher, als es wegen des gestiegenen Lebensstandards und der Herabsetzung des Volljährigkeitsalters jungen Frauen und Männern heute früher möglich ist, sich zu entscheiden, wann sie den elterlichen Haushalt verlassen wollen. Sie bleiben also aus freien Stücken – und auch wenn man das Bequemlichkeit nennt, so impliziert das Zusammenwohnen doch immer auch gegenseitiges Entgegenkommen und Helfen. Eine Voraussetzung für die im freiwilligen Zusammenleben angelegte Solidarität ist sicher auch gegenseitige Toleranz – wobei insbesondere die neue Toleranz der Eltern angesichts von Sexualität und außerehelicher Partnerschaft der Heranwachsenden im eigenen Haus offensichtlich ist. In vielen Fällen ist Toleranz gar nicht mehr nötig; sie wird ersetzt durch eine »Konkordanz« der Werte, insofern sich die »neuen Eltern« in ihren liberalen Auffassungen denen der Kinder angenähert haben.

– Toleranz und Solidarität werden zwar im Zusammenleben besonders herausgefordert, reichen aber darüber hinaus: »Im Zuge der Ausbreitung ›postadoleszenter Lebensformen‹ dürfte auch die Bereitschaft der Eltern zugenommen haben, ihre Kinder außerhalb des eigenen Haushalts materiell zu unterstützen und ihnen eine eigenständige Lebensform zu ermöglichen.«[31] Wohlstand macht's möglich.

Die Vermutung, der Konflikt zwischen den Generationen spitze sich sowohl durch zunehmende Belastung der sozialen Sicherungssysteme als auch durch Entfremdung der Generationen innerhalb der Familie zu, entbehrt angesichts dieser Daten und Überlegungen jeder Grundlage. Vielmehr kann man die Dinge so sehen, daß die »Arbeitsteilung«, wonach die Systeme sozialer Sicherung den materiellen Interessenausgleich zwischen den Generationen, die Familien den Austausch persönlicher Unterstützungen zwischen Jung und Alt übernehmen, für beide Institutionen entlastend wirkt: die in den Familien erzeugte Solidarität sorgt mit dafür, daß die oktroyierte Solidarität in den Großorganisationen sozialer Sicherung nicht ganz von Gefühlen persönlicher Verbundenheit entleert wird. Die Verlagerung der materiellen Grundsicherung in die Großorganisationen entlastet ihrerseits die persönliche Solidarität in den Familien von einer Reihe materieller Konflikte.

Wie können die Potentiale der Solidarität zwischen den Generationen in den sozialstaatlichen Sicherungssystemen und in den Familien gefördert werden?

– Durch eine konsequente Aufklärungsarbeit, in der die demographisch und sozialstrukturell begründete Notwendigkeit von steigenden Solidarbeiträgen erklärt und eventuellen Steigerungen ihr Schrecken genommen wird. Es läßt sich zeigen, daß sie, steigende Produktivität vorausgesetzt, keine Senkung des Lebensstandards und keine Beeinträchtigung der allgemeinen Wohlfahrt bedeuten, und daß diejenigen, die heute mehr zahlen, ihrerseits durch die Mehrzahlungen späterer Generationen entschädigt werden müssen. Eine solche Politik steht im Gegensatz zu den interessenpolitisch und ideologisch bestimmten Äußerungen, die mit der Beschwörung der »Grenzen der Belastbarkeit« einen Schrecken verbreiten wollen, der sich gegen den Solidargedanken selbst wendet. Zwar läßt sich die drohende Prophezeiung, eine Belastung durch höhere Solidarbeiträge würden die aktiv Tätigen nun nicht mehr hinnehmen, als legitimer Ausdruck von deren Interessenstandpunkt in den politischen Kontroversen einer pluralistischen Gesellschaft rechtfertigen; aber dies hat den sicher unbeabsichtigten Effekt, daß, schenkt man dem Argument Glauben, höhere Solidarleistungen als illegitim, individuell untragbar und kollektiv schädlich angesehen werden. Will man die Solidaritätspotentiale nicht verschütten, sondern heben, dann muß diesem Irrglauben sowohl in der politischen Kontroverse als auch in der politischen Bildung entgegengetreten werden. Dies heißt selbstverständlich nicht, daß der Erhöhung von Beiträgen und Steuern Tür und Tor geöffnet werden. Es heißt allerdings, daß die Politik ihre Ressource Solidarität pflegt und sich Optionen offen hält, sie sparsam oder, im Notfall, verstärkt einzusetzen. Das Diktum von der »überforderten Solidarität«, als Kampfwaffe benutzt, erweist sich erst als *Resultat* einer bestimmten politischen Option als richtig oder falsch. Anzeichen für überforderte Solidarität zwischen den Generationen, die sich in der Bundesrepublik allerdings schwerlich finden lassen, stellen für das politische System keine Gefahr dar, solange es auf sie mit korrigierenden Optionen reagieren kann. In der Solidaritätspolitik wie in der Politik überhaupt gilt: Die Kunst besteht nicht darin, jeden Irrtum zu vermeiden, sondern ihn rechtzeitig korrigieren zu können.

– Eine weitere Möglichkeit, das Problem der ungleichen finanziellen und pflegerischen Belastung zwischen den Generationen zu entschärfen, besteht in der zahlenmäßigen Stärkung der jeweils jüngeren, aktiven Generationen. Da eine Geburtenpolitik über finanzielle Incentives schwerlich greift – ist doch das generative Verhalten heute eher durch nicht-materielle Ansprüche determiniert[32] –, liegt die Chance hier in einer ausdrücklichen Einwanderungspolitik oder in der bisher de facto stattfindenden Einwanderung, wodurch vorwiegend jüngere und leistungsbereite Leute, noch dazu mit – vorläufig – höheren Fertilitätsraten, ins Land gezogen werden. Ein solcher Beitrag zur Lösung des Solidaritätsproblems der Generationen birgt allerdings seine eigenen Solidaritätsprobleme, das Verhältnis zwischen Einheimischen und Zugezogenen betreffend, in sich. Darüber mehr im dritten Kapitel.

– Einen interessanten Vorschlag, den Belastungsausgleich zwischen den Generationen über einen Zeitausgleich vorzunehmen, hat jüngst Peter Gross gemacht.[33] Der Zeitausgleich zwischen den Generationen ließe sich durch zwei Strategien einleiten und kanalisieren: Durch Arbeitszeitverlängerungsstrategien für die ältere Generation komplementär zu den Arbeitszeitverkürzungs- und Arbeitszeitflexibilisierungsstrategien für die Erwerbsbevölkerung. Längerfristig ist eine vollständige Öffnung der Lebensarbeitszeit nach oben die konsequente Lösung. Zweitens soll die Zeitnot der mittleren Generation durch Arbeitszeitverkürzung und Anerkennung der Arbeit neben und nach der Arbeit gemildert werden.[34] Hier ist an ein garantiertes Grundeinkommen für besonders belastete Gruppen gedacht, die notwendige und nützliche Arbeit leisten, insbesondere Kinder aufziehen und in der Familie Alte und Kranke pflegen.

– Die Erhöhung der Erwerbsquote, insbesondere der Frauen, und die Verringerung der Arbeitslosigkeit haben ebenfalls, wie Modellrechnungen im Auftrag der OECD zeigen, eine entlastende Wirkung für den Finanzausgleich zwischen den Generationen.[35]
– Letztlich dient jede Politik, die das Aufziehen von Kindern erleichtert, der Solidarität zwischen den Generationen. »In der Reform der Sozialsysteme und des Steuerrechts, im Aufbau einer den Kindern und Eltern dienenden Infrastruktur an Kindergärten und Ganztagsschulen, in einer entsprechenden Korrektur der Wohnbaupolitik, vor allem aber in einer wirklichen politischen Anstrengung, den gesellschaftlichen und sozialen Status derer, die sich für das Kind entscheiden, zu verbessern: darin liegen die eigentlichen Aufgaben stattlicher Politik. Unfähigkeit und Versagen in diesen Bereichen zugunsten weiterer staatlicher Aufwendungen für mehr Mobilität, mehr Individualismus, mehr kollektiver Entlastung von tragbarer persönlicher Verantwortung: darin liegt die Pflichtverletzung des Staates.«[36]

Es mag auffallen, daß alle diese Vorschläge zur politischen Einwirkung auf die Solidaritätsproblematik zwischen den Generationen *indirekt* ansetzen, sei es bei strukturellen Änderungen der Arbeitszeit und der Bevölkerungszusammensetzung, sei es bei der Aufklärung der gesamtgesellschaftlichen Zusammenhänge auf dem Wege der politischen Bildung. Direkte Solidaritätsappelle, das Verhältnis der Generationen betreffend, sind überflüssig – weil Solidaritätspotentiale vorhanden sind – und wirkungslos – weil die Menschen nicht aufgrund von Appellen, sondern aufgrund von Einsicht, Vorbildern und Incentives ihr Handeln ändern.

Solidarität und Selbsthilfe im Alltag

Fragen der Solidarität stellen sich nicht zeitlos, sondern, wie gezeigt wurde, vor dem Hintergrund von Problemen, die ihrerseits dem Wandel unterliegen. Werte und Orientierungsmuster, Wirtschaftswachstum, Einkommensentwicklung, demographische Faktoren und Familienstrukturen greifen dabei ineinander. Die heute absehbare demographische Entwicklung wird dazu führen, daß in der Bundesrepublik um die Jahrhundertwende der Anteil der über Sechzigjährigen bei etwa 25 Prozent liegen wird – gegenüber 14 Prozent fünfzig Jahre zuvor; für das Jahr 2030 geht man sogar von etwa 40 Prozent aus. Das wird beträchtliche zusätzliche Belastungen sowohl für die informellen Netze der Hilfegewährung, vor allem die Familien- und Verwandtschaftssysteme, als auch für die zur Absicherung des Alters geschaffenen Versicherungssysteme und die Sozialhilfe mit sich bringen.

Nicht nur die Nahtstellen zwischen den Generationen, sondern auch diejenigen zwischen den gesellschaftlichen Gruppierungen, zum Beispiel zwischen der wachsenden Zahl der Ein-Personen-Haushalte und dem »Rest« der Bevölkerung, geraten dadurch unter Druck. Ein Leben allein führt in Krisenfällen schneller an die Grenzen der Möglichkeiten, die Probleme des Alltags zu bewältigen. Noch enger ist dieser Rahmen bei den Alleinerziehenden gesteckt, die zwar nicht allein leben, deren Partner in Gestalt der Kinder aber zusätzliche Verantwortung und nicht in gleichem Maße zusätzliche Hilfspotentiale mit sich bringen. In einer Stadt wie Frankfurt zum Beispiel liegt der Anteil der Ein-Personen-Haushalte an der Gesamtzahl der Haushalte bei etwa 50 Prozent, die Zahl der Alleinerziehenden-Haushalte bei rund 9000, und beide Gruppen werden weiter wachsen.

Der neue Bedarf an Solidarität bei der Bewältigung des Alltags resultiert aber nicht nur aus der wachsenden Nachfrage bestimmter gesellschaftlicher Gruppen nach Leistungen, die sie nicht erbringen können, sondern auch aus dem Wegfall überlieferter Angebote. Dies gilt zum Beispiel für die karitativen Dienste im weitesten Sinne, die die Frauen über Jahrhunderte hinweg in den Familien, in der Verwandtschaft, in den weltlichen und kirchlichen Gemeinden und Verbänden geleistet haben. In dem Maße, so scheint es, in dem die Frauen-Erwerbstätigkeit steigt, wird dieses schon im Verlauf des letzten Jahrzehnts kleiner gewordene Potential weiter schwinden.

Als Verknappung auf der Angebotsseite werden sich auch die finanziellen und organisatorischen Schwierigkeiten auswirken, die den Sozialstaat an seine vieldiskutierten Grenzen geführt haben. Während seine finanziellen Grenzen auch künftig schwer fixierbar bleiben und stets Gegenstand der strittigen politischen Interpretation sein werden, scheint er organisatorisch tatsächlich an Grenzen zu stoßen, die er nicht überschreiten kann, ohne einen Teil der selbstgesetzten Ziele – nämlich der Gewährung individueller Hilfen unter Wahrung der Autonomie der Betroffenen – zu konterkarieren. Schon heute wenden sich zahlreiche Menschen von den traditionellen Einrichtungen und Angeboten ab – als Nachfrager ebenso wie als Anbieter von Hilfen –, weil sie ihre Bedürfnisse in den bürokratischen Großorganisationen der Wohlfahrtspflege nicht genügend berücksichtigt sehen. Es sind vor allem diese Bedürfnisse nach Autonomie, Flexibilität, Übersichtlichkeit und persönlicher Zuwendung, die einen bereits beträchtlichen Teil des freiwilligen sozialen Engagements – und damit auch von Alltagssolidarität – in neue Bahnen leiten, die allerdings häufig noch von mangelnder Stabilität sind. Auch unter diesem Gesichtspunkt führt an der Notwendigkeit, Alternativen zu den klassischen sozialstaatlichen Lösungen zu entwickeln, kein Weg vorbei.

Der aus steigender Nachfrage und schwindenden Angeboten resultierende Engpaß an Hilfeleistungen erscheint aber nur dann als zwangsläufig, wenn man den Blick auf die überlieferten Formen des Helfens und die ihnen zugrunde liegenden Bedingungen einschränkt. Andere Indikatoren deuten darauf hin, daß es auf der Angebotsseite sehr wohl Potentiale gibt, die aktivierbar sind. Solche Potentiale lassen sich aus den Ergebnissen zahlreicher Umfragen und der Entwicklung der Selbsthilfebewegung in der Bundesrepublik ablesen.

Diese Entwicklung ist zwar nicht leicht bezifferbar, denn »naturgemäß« wird über solche selbstorganisierten Solidarnetze der Bürger, wie sie Selbsthilfegruppen sind, nicht amtlich Buch geführt, und die Definitionskriterien dafür, was als Selbsthilfegruppe gilt und was nicht, sind oft uneinheitlich gebraucht worden. Zudem arbeitet ein Teil der Gruppen unerkannt, vor allem im ländlichen Raum, oder die Öffentlichkeit wird bewußt gemieden. Dennoch ergibt sich aus den vorhandenen Informationen, zum Beispiel den von verschiedenen Institutionen der Selbsthilfebewegung selbst erstellten Listen und Adreßverzeichnissen, ein hinreichend präzises Bild.

Die Herausbildung von Selbsthilfegruppen neuartigen Typs (im Gegensatz zu älteren Selbsthilfeformen der Arbeiterbewegung) begann in größerem Umfang seit den 70er Jahren. Im Gefolge der Studentenbewegung und im Rahmen der daraus hervorgehenden neuen sozialen Bewegungen entstanden zunehmend Gruppen von Personen, die von gleichartigen Problemen betroffen waren und diese selbsttätig, solidarisch und in gegenseitiger Hilfe unter Gleichen lösen sowie soziale Veränderungen nach außen bewirken wollten. Bezugspunkt dieser frühen Gruppen waren fast ausschließlich Probleme aus dem psychosozialen oder gesundheitlichen Bereich.[37]

Ihren Boom erlebte die Selbsthilfebewegung in den 80er Jahren. Allein für die Zeit zwischen 1980 und 1984 wird von einem Anstieg von etwa 30000 auf 40000 Selbsthilfegruppen im sozialen Bereich ausgegangen und für 1984/85 von einer Zahl von etwa 400000 bis 600000 Mitgliedern bzw. Teilnehmern. Für das Ende der 80er Jahre wird von einer Zahl von etwa 45000 Selbsthilfegruppen ausgegangen.[38]

Inhaltliche Schwerpunkte liegen auch bei den heutigen Selbsthilfegruppen im psycho-sozialen und gesundheitsbezogenen Bereich, aber gerade in den letzten Jahren haben sich sowohl in den Organisationsformen als auch in den Arbeitsinhalten erhebliche Differenzierungen entwickelt. Heute kann man von insgesamt 14 hauptsächlichen Gegenstandsbereichen von Selbsthilfe ausgehen. Neben psychosozialen Problemen und der Gesundheit sind dies: Behinderung, Sucht, Selbsthilfe von Frauen, familienbezogene Selbsthilfe, Selbsthilfe im Alter, Homosexualität, Menschen in besonderen sozialen Situationen, Ausländerintegration/Asyl, Arbeitslosigkeit, soziokulturelles Engagement, Nachbarschaftshilfe, Ökologie, Umwelt.[39]

Und nicht mehr nur Selbsthilfegruppen im engeren Sinne werden der Bewegung zugerechnet, sondern beispielsweise auch Selbsthilfeinitiativen oder Selbsthilfeprojekte. Nach wie vor, trotz neuer Formen und Inhalte, gelten auch hier Charakterisierungen, die schon immer Grundlagen von kleinen Solidargemeinschaften waren, nämlich die Gleichartigkeit der Problem- und Interessenlage der Beteiligten, (zumindest potentielle) Betroffenheit sowie ähnliche Wertorientierungen. Andere Gleichartigkeiten haben sich inzwischen gegenüber den Anfängen verändert: Heute sind es nicht mehr nur die Jungen und besser Gebildeten, die in Selbsthilfegruppen mitwirken, genauso wie

es auch nicht mehr nur gutsituierte ältere Hausfrauen sind, die sich ehrenamtlich im Rahmen von Wohlfahrtsverbänden betätigen.
Gerade in jüngerer Zeit hat die Selbsthilfebewegung, sozusagen im Gegenzug zu ihrer inhaltlichen und organisatorischen Differenzierung einen Prozeß der Institutionalisierung, Bürokratisierung und Professionalisierung durchlaufen, der auch andere Exponenten gesellschaftlicher Selbstorganisation erfaßt hat, beispielsweise die Ökobewegung mit den Grünen oder die AIDS-Hilfen. Aus Gründen schlagkräftigerer Interessenvertretung, unter organisationsökonomischen Aspekten und mit dem Ziel des Austauschs von Unterstützung und Informationen zwischen den in Selbsthilfegruppen Engagierten, entstanden mit den sogenannten »Kontakt- und Informationsstellen« eigenständige Strukturen, die der Organisation solidarischer Vernetzung dienen sollten. In den siebziger Jahren waren 20 solcher Stellen bekannt, 1984 waren es 39, und 1989 wurden 121 solcher Kontaktadressen gezählt.[40] Inzwischen gibt es auch auf Bundesebene agierende Zusammenschlüsse wie etwa die Nationale Kontakt-und Informationsstelle zur Anregung und Unterstützung von Selbsthilfegruppen (NAKOS) oder die Deutsche Arbeitsgemeinschaft Selbsthilfegruppen e. V. (DAG SHG).
Vieles spricht dafür, daß nicht nur im Selbsthilfebereich Potentiale für eine weitere Mobilisierung von Alltagssolidarität schlummern. Ganz generell scheint es eine hohe Bereitschaft in der Bevölkerung zu geben, sich im sozialpolitischen Bereich zu engagieren. Nachdem sie seit Jahren das Absinken der Zahl ehrenamtlicher Mitarbeiter hinnehmen mußten, können auch die Wohlfahrtsverbände seit der Mitte der achtziger Jahre wieder eine Zunahme von freiwilligen Helfern verzeichnen, die sich jedoch zunehmend nicht dem klassischen Ehrenamt mit seiner rollengemäßen Einseitigkeit zuwenden, sondern mehr auf Gegenseitigkeit und Selbstbestimmung ausgerichtete Betätigungsformen suchen.[41] Untersuchungen belegen außerdem, daß es noch nicht realisierte Potentiale für das Engagement in Ehrenamt und Selbsthilfe in nennenswertem Ausmaß gibt, die sich in einer Größenordnung von 27 bis 35 Prozent bewegen.[42]
Vor diesem Hintergrund einer durchaus vorhandenen, beträchtlichen Bereitschaft in der Bevölkerung, sich für andere und sich selbst zu engagieren, und angesichts des wachsenden Drucks solidaritätsstiftender Engpässe und Notlagen im Alltag ist anzunehmen, daß sich bei

entsprechender Organisation und finanzieller Unterstützung private Netze wechselseitiger Hilfeleistungen knüpfen lassen, die Bestand haben können.

Bei hinreichend subtilem Herangehen kann Solidarität – und zwar im tagtäglichen Umgang miteinander – eine organisierbare und für die Sozialpolitik auch steuerbare Ressource sein. Der Werdegang vieler Initiativen auf diesem Gebiet hat aber gezeigt, daß ihr Entstehen, ihr Gelingen und ihre Dauerhaftigkeit an eine Fülle motivationaler, organisatorischer und infrastruktureller Bedingungen geknüpft sind. Fehlen diese, dann sind entsprechende Initiativen offensichtlich schnell zum Scheitern verurteilt.

Welche Bedingungen müssen gegeben sein, damit funktionsfähige Solidaritätsnetze im Alltag entstehen? Welche Bevölkerungsgruppen sind eher als andere bereit und in der Lage, anderen zu helfen; welche brauchen Hilfe und würden sie gern annehmen? Wir haben diese Fragen anhand von standardisierten schriftlichen Interviews mit knapp 200 Mitgliedern von Initiativen und Gruppen untersucht, unter denen alle wichtigen Formen des freiwilligen sozialen Engagements – vom Ehrenamt bis zur Selbsthilfegruppe – vertreten waren. Es wurden »Anbieter« ebenso wie »Nachfrager« von Unterstützungsleistungen interviewt. Es sollte festgestellt werden, ob die in solchen Netzen anzutreffenden Helfer und Hilfsbedürftigen ein besonderes Sozialprofil haben und durch welche Merkmale dies gekennzeichnet ist.

Große Abweichungen vom Bild der Gesamtbevölkerung zeigen sich – traditions- und erwartungsgemäß – bei der Geschlechterverteilung. Während im Durchschnitt in der Bundesrepublik 48 Männer 52 Frauen gegenüberstehen, haben in den untersuchten Initiativen eindeutig die Frauen die Mehrheit, und zwar sowohl bei den Helfern (mit einem Anteil von 85 Prozent) wie auch bei den Hilfsbedürftigen (mit einem Anteil von 75 Prozent). Zusammenfassend kann man also sagen, daß im Rahmen des gegenwärtigen sozialen Engagements vor allem Frauen damit beschäftigt sind, Frauen zu helfen. Auf seiten der Helfer kommt das darin schon früher und auch in anderen Ländern immer wieder ermittelte größere Engagement von Frauen im sozialen Bereich zum Ausdruck. Den Realitäten entsprechen die Potentiale: Das Institut für Demoskopie Allensbach hat 1985 ermittelt, daß sich 48 Prozent der befragten Frauen, aber nur 37 Prozent der Männer eine Mitarbeit in der Wohlfahrtspflege vorstellen können.[43] Auf seiten der

Hilfsbedürftigen hat der überdurchschnittliche Frauenanteil viel damit zu tun, daß Hilfsbedürftigkeit im Alter zunimmt – und ebenso der Frauenanteil in den älteren Jahrgängen. Hinzu kommt aber auch ein subjektives Moment, nämlich die größere Bereitschaft von Frauen, gegebene Hilfsbedürftigkeit sich und anderen einzugestehen und Hilfe anzunehmen.

Ebenfalls erwartungsgemäß ist der Altersaufbau der Helfer wie der Hilfsbedürftigen in den befragten Gruppen anders als der der Gesamtbevölkerung. Dies gilt vor allem für die Seite der Hilfsbedürftigen, die sich zu 84 Prozent aus der Altersgruppe jenseits der 60 zusammensetzen. Auf seiten der Helfer zeigen sich Besonderheiten in der altersmäßigen Zusammensetzung eher darin, daß die ganz Jungen »fehlen« und die mittleren Jahrgänge der etwa 45- bis 60jährigen – immer in Relation zum Durchschnitt der Bevölkerung – überrepräsentiert sind. Im Hinblick auf den Familienstand ist die Gruppe der Helfer sehr weitgehend ein Abbild der Gesamtbevölkerung.

Betrachtet man den formalen Bildungsgrad, so erweist sich der Kreis der Hilfsbedürftigen nahezu als repräsentativer Ausschnitt aus der Gesamtbevölkerung. Leicht unterrepräsentiert sind hier Personen mit Abitur und weitergehenden Bildungsabschlüssen. Der gegenteilige Zusammenhang, aber sehr viel eindeutiger, zeigt sich für die Gruppe der Helfer. Hier sind Personen ohne Schulabschluß und Volksschulabsolventen stark unter-, solche mit Realschulabschluß und Hochschulreife stark überrepräsentiert.

Das Engagement im sozialen Bereich, die Bereitschaft, anderen zu helfen, hat auch mit der verfügbaren Zeit des Betreffenden zu tun. Hausfrauen und Hausmänner, Rentnerinnen und Rentner sind überrepräsentiert; hauptberuflich, vor allem ganztags hauptberuflich Tätige sind unterrepräsentiert. Es bleibt aber festzuhalten, daß immerhin ein Drittel der in den Vorbildinitiativen aktiven Helfer ganz- oder halbtags einen Beruf ausübt.

Wie hängt die Bereitschaft, in den kleinen Solidaritätsnetzen mitzuwirken, mit anderen Einstellungen, etwa der religiösen Haltung oder der politischen Orientierung, zusammen? Im Hinblick auf die religiösen Bindungen gibt es zwischen der Gesamtbevölkerung und den in den Initiativen Mitwirkenden (ohne Unterschiede auch zwischen Helfern und Hilfsbedürftigen) keine Unterschiede. Hier wie dort gehören rund neunzig Prozent einer der beiden großen Kirchen an. Ein differenziertes Bild ergibt die Untersuchung der politischen Orientierungen. Auf seiten der Hilfsbedürftigen ergab sich ein CDU-Wähler-Anteil von 61 Prozent, 30 Prozent gaben an, die SPD zu wählen. Die FDP kam auf 3, die Grünen kamen auf 1 Prozent. Der Zusammenhang dieser Verteilung mit dem überdurchschnittlichen Alter dieses Personenkreises und der Tatsache, daß er im wesentlichen aus Frauen besteht, ist evident. Religiosität und Alter, dies hat eine Fülle wahlsoziologischer Untersuchungen gezeigt, korrelieren mit der Präferenz für die CDU. Auf seiten der Helfer entspricht der Anteil der CDU-Wähler etwa dem in der Gesamtbevölkerung.

Insgesamt ist also festzuhalten, daß bestimmte weltanschauliche Orientierungen dem bürgerschaftlichen Engagement insgesamt weder besonders förderlich noch besonders hinderlich sind. Sie bieten keinen Ansatzpunkt für die Initiierung und Stabilisierung solcher Initiativen. Für eine gewisse religiöse – nicht konfessionelle – Motivation des Helfens spricht die Tatsache, daß mehr als die Hälfte der Helfer angibt, daß die Religion eine große Bedeutung für ihr Leben habe. Bei den eher religiös motivierten Helfern handelt es sich aber mehrheitlich um Personen, die im hergebrachten Sinne ehrenamtlich tätig sind, bei den eher linksorientierten ist eher eine Neigung zu alternativen, neuen Formen des Engagements festzustellen, also in Selbsthilfegruppen oder ähnlichen Initiativen. Wendet man den Blick von der »Momentaufnahme« der hier geschilderten Befragung auf die wahrnehmbaren Entwicklungstrends, so zeichnet sich eine allgemeine, von Alter, Geschlecht und Weltanschauung zunehmend unabhängiger werdende Hinwendung zu den neuen Formen des Engagements ab.

In den Interviews wurde auch die Bereitschaft zu einem Rollenwechsel zwischen Helfern und Hilfsbedürftigen thematisiert: Dahinter stand die Frage nach der Chance, die oft scharfe Trennlinie zwischen Helfern und Hilfsbedürftigen aufzuheben, also Helfer dazu zu bringen, sich auch helfen zu lassen, und Hilfsbedürftige auch zu Helfern zu machen. Eine generelle Abwehrhaltung ist beiderseits durchaus nicht vorhanden. Von den ehrenamtlichen Helfern würden 42 Prozent »ohne weiteres«, 29 Prozent »in bestimmten Fällen« fremde Hilfe annehmen, der Rest, »wenn es sein muß«. Umgekehrt sind auf seiten der Hilfsbedürftigen 57 Prozent »ohne weiteres« bereit, auch zu helfen, 27 Prozent können dies »nur für einen begrenzten Zeitraum« und weitere 13 Prozent nur »unter bestimmten Bedingungen« vorstellen. Nur 3 Prozent sagen schlicht »nein«.

Die Idee, die strikte Rollentrennung zwischen Helfern und Hilfsbedürftigen zu überwinden, ist keineswegs nur ein hochgestecktes Ziel, sondern ein wesentliches funktionales Erfordernis für tätige Alltagssolidarität. Die große Mehrheit der in den untersuchten Vorbildinitiativen Mitwirkenden äußert Unbehagen darüber, erhaltene Hilfe durch eine Gegenleistung, und sei sie noch so gering, nicht vergelten zu können. Es spricht also vieles dafür, daß eine dauerhafte Betätigung in alltäglichen Solidarnetzen nicht zu erzielen ist, wenn es nicht gelingt, darin so etwas wie ein Austauschprinzip im Sinne einer latenten Reziprozität (vgl. oben) zu institutionalisieren. Unter den Hilfsbedürftigen sinkt die Bereitschaft, auch helfend aktiv zu werden, mit zunehmendem Alter. Darin kommt das mit dem Alter wachsende Gefälle zwischen Wollen und Können zum Ausdruck. Es muß demnach deutlich gemacht werden, auf welchen Handlungsfeldern auch ältere Menschen sich noch solidarisch betätigen können.

Die Bereitschaft, Solidarität zu üben, auf andere helfend zuzugehen bzw. andere helfend an sich herankommen zu lassen, variiert mit den unterschiedlichen Personengruppen, die man dabei im Auge haben kann. Auf die Frage, wem man »auf jeden Fall« helfen würde, werden Körperbehinderte, alleinlebende alte Menschen, kinderreiche Familien, arbeitslose Jugendliche und alleinerziehende Eltern am häufigsten genannt. Von diesen würde man sich auch am ehesten helfen lassen. Am schwersten haben es dagegen, in beiden Hinsichten, Asylbewerber, ehemalige Alkoholiker, ehemalige Drogenabhängige und ehemalige Strafgefangene. Die den Befragten vorgegebenen »Problem«-Gruppen stellen sicherlich auch, aber keineswegs nur eine Skala von zu überwindenden Vorurteilen oder subjektiv empfundener sozialer Nähe und Ferne dar. Sie geben auch über die sehr unterschiedlichen objektiven Schwierigkeiten Aufschluß, die sich bei dem Versuch ergeben, Hilfen möglichst »flächendeckend« zu organisieren. In jedem Fall sind daraus Handlungsbarrieren ablesbar, die zumindest in der Anfangsphase eines Privaten Unterstützungsnetzes nicht ignoriert werden dürfen.

Die Geschichte der vielen ungezählten Initiativen, die sich an der Aufgabe versucht haben, soziale Netze der Alltagssolidarität zu knüpfen, zeigt aber, daß zu bestimmten demographischen, sozialstrukturellen, mentalen und motivationalen Fundamenten wichtige weitere hinzukommen müssen, die im unmittelbaren organisatorischen Umfeld der geplanten Aktivitäten liegen. Welches Gewicht diese Faktoren für das Gelingen oder Scheitern solcher Initiativen haben, läßt sich am besten am Tun, am sorgfältig kontrollierten praktischen Handeln, an der Durchführung eines »Modells« herausfinden.

Organisierte Solidarität: »Private Unterstützungsnetze« im Modellversuch

1987 haben wir einen Modellversuch begonnen, in dem nach der vorgeschalteten Forschungsphase, deren Ergebnisse oben dargestellt wurden, ein »Privates Unterstützungsnetz« aufgebaut und bei allen konzeptionellen und praktischen Schritten wissenschaftlich begleitet wurde.[44] Dahinter stand das Ziel, Bedingungen für Alltagssolidarität zu schaffen, die sich offensichtlich in modernen differenzierten Gesellschaften nicht ohne weiteres von selbst ergeben. Menschen, die alltägliche Hilfe suchen, sollen mit Menschen zusammengebracht werden, die auf freiwilliger Basis Hilfe anbieten wollen. Der große ungedeckte Bedarf an personalen sozialen Dienstleistungen und die vorhandene Bereitschaft vieler Menschen, sich im sozialen Bereich zu engagieren und anderen zu helfen, müssen zueinanderfinden. Diese beiden »losen Enden« zu einem »Privaten Netz« von freiwilligen, im Prinzip unentgeltlichen Unterstützungsleistungen von Bürgern einer Gemeinde oder eines Stadtteils zu verknüpfen, ist die Grundidee des Konzeptes.

Bei der Suche nach einem Standort für das geplante Modellvorhaben fiel die Wahl auf Bad Vilbel, eine Stadt mit etwa 28 000 Einwohnern, die an den Nordosten Frankfurts angrenzt. Eine Gruppe von Bürgern, die schon seit längerem auf vielfältige Weise im sozialen Bereich aktiv war, wurde zum Kern der neuen »Bürgeraktive Bad Vilbel e. V.«. Ein »e. V.« erschien für die Finanzierung und auch für verschiedene Aspekte der Arbeit nach Beendigung des Modellvorhabens als die beste Rechtsform.

Zentraler Ort der gemeinsamen Meinungsbildung und Beschlußfassung waren von Anfang an Sitzungen, die etwa alle vier Wochen stattfinden und zu denen alle Interessierten und die aktiven Mitglieder der Bürgeraktive eingeladen werden. Insgesamt umfaßt der Kreis derer, die seit längerem und mit relativer Regelmäßigkeit an diesen Sitzungen teilnehmen, etwa 20 Personen. Die Mehrheit der an der Bürgeraktive Beteiligten nimmt aber nur selten oder gar nicht an diesen Sitzungen teil und benutzt das im Zentrum des Ortes eigens eingerichtete Büro als Treffpunkt, als Anlaufstelle für Informationen über anliegende Arbeiten und geplante Aktivitäten, als Möglichkeit, ohne große Vorplanung ein Gespräch führen zu können, und natürlich als Vermittlungsstelle.

Zu Beginn lagen Schwerpunkte der Arbeit auf einer intensiven Öffentlichkeitsarbeit und auf dem Sammeln von Angeboten an und Nachfragen nach alltäglichen Hilfen, um auf dieser Grundlage erste Kontakte zwischen Einzelpersonen herzustellen. Solche Vermittlungen zwischen Einzelpersonen fanden in fast allen Bereichen des alltäglichen Lebens statt. Nach einer gewissen Anlaufphase zeigte sich, daß ein erfolgversprechender Weg auch darin liegt, Menschen, die ein gemeinsames Problem oder Interesse haben, in einer Gesprächs- oder Arbeitsgruppe zusammenzubringen oder eine gemeinsame Initiative anzuregen. Mit der Einrichtung offener Treffs wurden regelmäßige Möglichkeiten geschaffen, sich zunächst an einer unverbindlichen Form von Gruppenarbeit zu beteiligen.

Beim Übergang in die eigentliche Modellphase des Projekts zeigte sich sehr schnell, daß der erforderliche organisatorische Aufwand durch die bloße Steigerung des Einsatzes und des Engagements der freiwilligen Helferinnen und Helfer nicht zu bewältigen war. Schon viele Selbsthilfe- und ehrenamtliche Initiativen haben sich in diesem Bereich versucht, und einige von ihnen haben auch bemerkenswerte Erfolge erzielt. Viele andere aber sind am exponentiellen Wachstum der erforderlichen Organisationsarbeit gescheitert, sei es dadurch, daß von Anfang an niemand gefunden werden konnte, der diese Arbeit ehrenamtlich übernehmen wollte, sei es dadurch, daß eine bestimmte Person, die diese Arbeit übernommen hatte und sie auch bewältigen konnte, aus irgendwelchen Gründen zeitweilig oder vollständig ausfiel.

Diese immer wieder auftretende Lücke zwischen der vorhandenen Bereitschaft zum aktiven Engagement und dem hohen Arbeitseinsatz, der erforderlich ist, um eine selbstorganisierte Initiative arbeitsfähig zu machen, muß im »Privaten Unterstützungsnetz« durch eine professionell besetzte, ausdrücklich nicht ehrenamtliche Stelle geschlossen werden. Das vermittelnde, koordinierende, beratende »Büro« bildet den Kristallisationspunkt, an dem alle Aktivitäten zusammenlaufen und wo die grundlegende Organisations- und Verwaltungsarbeit geleistet wird.

Diese Form der Organisation soll auch dazu beitragen, die sozialpsychologischen Schwellen für den Eintritt in die angestrebten Beziehungsnetze niedrig zu halten. Die Anonymität, der Grad sozialer Distanz und der Bürokratisierung sollen nicht so hoch sein, daß sie von vornherein abschreckend wirken, sie sollen aber auch nicht zu gering sein. Allzu große soziale Nähe gleich beim Eintritt in ein solches Netz kann Angst vor allzu schneller und starker Bindung und sozialer Kontrolle erzeugen – klassische Abschreckungsfaktoren bei kleinen Gruppen hoher räumlicher und sozialer Dichte, wie etwa bei den traditionellen Nachbarschaftshilfen, aber auch bei traditioneller ehrenamtlicher Tätigkeit in Kirchen und Wohlfahrtsverbänden.

Die Bürgeraktive kümmert sich nicht nur um die Menschen, deren Anliegen und Vorhaben »nahtlos« ins Konzept passen. So gehört es ebenfalls zur Vermittlungsarbeit, den Menschen, deren Wünschen man im Rahmen des Möglichen nicht direkt entsprechen kann, Rat und Informationen zu geben, an welche Einrichtung aus dem professionellen Bereich oder an welche bestehenden Gruppen oder Initiativen sie sich wenden können. Zu diesem Zweck wird schon seit den Anfängen des Büros nach und nach ein möglichst umfängliches Verzeichnis aller relevanten lokalen und regionalen Einrichtungen zusammengestellt. Damit hat das Büro auch die Funktion, bestehende Angebote und Dienste im Sozialbereich und die neuen Formen des sozialen Engagements in einen Kooperationszusammenhang zu bringen und ein Konkurrenzverhältnis verschiedener Arten von Solidarität von Anfang an so weit wie möglich zu unterbinden. Diese Art von Vernetzung mit anderen lokalen Institutionen – unter Beibehaltung bzw. Entwicklung des eigenen Profils – erwies sich als eine wichtige Existenzbasis für die Bürgeraktive. Das gleiche gilt für die Vermittlung von Menschen an andere Vereine, Initiativen und ehrenamtliche soziale Dienste.

Wie wichtig und richtig die Grundidee des Konzepts war, daß Kontakte am besten über unverbindliche Anlässe entstehen, zeigt sich auch an einer anderen, für die Arbeit typischen Situation. In der Regel wird versucht, mit Menschen, die das erste Mal an die Bürgeraktive herantreten, im Büro – sozusagen auf neutralem Boden – ein Gespräch zu führen, in dem zum einen die Ziele und Grundgedanken der Bürgeraktive erläutert werden und zum anderen die oft etwas diffusen Vorstellungen von einer Mitarbeit, Angeboten oder Nachfragen geklärt werden sollen. Sehr häufig ergibt sich dabei ein sehr langes Gespräch über die persönliche Situation und Probleme der entsprechenden Person. Oft bedarf es mehrerer solcher Gespräche, bevor der Anlaß des ersten Kommens wieder thematisiert und realisiert wird. Daraus wird deutlich, daß die Möglichkeit, ein Angebot oder eine Nachfrage zu äußern, als Anlaß für eine Kontaktaufnahme und ein intensives Gespräch genutzt wird. Niemand würde kommen und sagen »ich brauche Kontakt, weil es mir schlecht geht.« Gerade auch diese Gespräche haben die wichtige Funktion, Vertrauen in die Seriosität und Wichtigkeit der Bürgeraktive entstehen zu lassen. Seit ihrem Start im Juli 1988 hat sich die Bürgeraktive ständig vergrößert und ist inzwischen auf über 500 engagierte Bürger angewachsen. Bis 1990 zählte die Geschäftsstelle bereits 1200 Kontakte mit Bürgern und 250 Kontakte mit Mitarbeitern professioneller Dienste.

Eine differenzierte und umfängliche Öffentlichkeitsarbeit hat sich mehrfach als grundlegende Existenzbasis für die Bürgeraktive erwiesen. Zum einen trägt eine gezielte Information der Öffentlichkeit – vor allem über die Presse – dazu bei, irreführende oder diffamierende Beurteilungen der Arbeit der Bürgeraktive weitgehend aufzufangen. Zum anderen ist ein solches Unterfangen wie der Aufbau eines Unterstützungsnetzes zwischen Bürgern darauf angewiesen, bei ihnen bekannt zu sein. Es bedarf einer umfänglichen, »institutionalisierten« Bekanntheit, des Gefühls bei möglichst vielen, die Bürgeraktive »gehört irgendwie dazu hier in Bald Vilbel«, um die notwendige Vertrauensbasis für eine Mitarbeit zu schaffen. Und nicht zuletzt hat die Vertretung einer eigenen neuen Idee nach außen, gegenüber der Kommunalpolitik und den lokalen Wohlfahrts- und Gesundheitsinstitutionen, eine identitätsstiftende Funktion nach innen.

Dabei muß allerdings eine allzu große Nähe zur »Stadt«, die Assoziation, daß es sich bei der Bürgeraktive um eine Art städtischer Einrichtung oder gar einen Teil des Sozialamts handelt, vermieden werden; zum einen, um nicht auf diesem Wege die bekannten Ängste oder das Mißfallen gegenüber bürokratisch organisierter Sozialverwaltung neu zu erzeugen, zum anderen, um nicht das Mißverständnis von der Bürgeraktive als einer Einrichtung für »arme Leute« oder für alle schwierigen Problemfälle hervorzurufen, mit dem dann von dem Gedanken einer neuen Alltagssolidarität abgelenkt würde. Einen wichtigen Bestandteil der Öffentlichkeitsarbeit und einen wichtigen Faktor beim Aufbau eines Unterstützungsnetzes bildet die Teilnahme an lokalen Veranstaltungen unterschiedlichster Art.

Ein häufig geäußertes, typisches Motiv, bei der Bürgeraktive mitzuarbeiten, lautet etwa wie folgt: »Mir geht es so gut, ich finde, da muß ich einfach etwas für andere tun, denen es nicht so gut geht.« Oder, in einer weniger traditionellen, ehrenamtlich-karitativen Formulierung: »Mir geht es gut, aber vieles liegt noch im Argen oder könnte verbessert werden; und da meine ich, es soll sich jeder, der kann, darum kümmern, daß etwas geschieht.« An diesen Äußerungen ist zum einen erkennbar, daß es nach wie vor eher sozial gut integrierte und gutsituierte Personen sind, die sich engagieren wollen. Zum anderen sind sie ein guter Beleg für die soziale Wirksamkeit ungleicher Beeinträchtigung bei im Prinzip gleicher Interessenlage.

Ein weiters starkes Motiv zur Mitarbeit ergibt sich aus aktueller Betroffenheit von einer Problemlage. Auf dieser Basis entstehen auch schon Beziehungen mit verbindlicheren Verpflichtungen. Beispielsweise bei der gemeinsam organisierten Kinderbetreuung, aus der eine inzwischen schon seit längerem stabile, eigenständige Gruppe hervorgegangen ist, die mit der Bürgeraktive lockeren Kontakt hat. Auch Betroffenheit in der Vergangenheit ist ein starkes Motiv, so zum Beispiel bei Personen, die schon einmal ein Familienmitglied zu Hause gepflegt haben. Hier entstehen oft sehr spontane Solidaritätsgefühle zu Personen, die neuerdings diese Situation meistern müssen. Die Umsetzung der Gefühle in Handeln, also die Entlastung anderer pflegender Angehöriger, bedarf der Unterstützung und Organisation durch das Büro.

Ein gewisses Problem stellen diejenigen dar, die sich im engen karitativen Sinne die Rolle des selbstlosen Helfers auserkoren haben. Anders als bei dem oben beschriebenen Typ eines moderat traditionellen Helfers, lassen sich solche Personen sehr schlecht in die Arbeit des Unterstützungsnetzes einbinden. Sie blenden die offene Thematisierung eigener Probleme und Bedürfnisse so rigoros aus, daß sie offensichtlich noch nicht einmal zum abstrakt-intellektuellen Verstehen des Austausch- und Gegenseitigkeitsprinzips gelangen und sich sozusagen synchron zu ihrer Einsatzbereitschaft überfordert oder ausgenutzt fühlen; ein Syndrom, das zunehmend die einseitige ehrenamtliche Tätigkeit im klassischen Sinne charakterisiert.

Das bewußt egoistische Ausnutzen der Bürgeraktive für Arbeiten, die im professionellen Bereich nur gegen Geld zu bekommen sind, ist bisher sehr selten gewesen. Es wenden sich fast ausschließlich Personen an sie, die sich ernsthaft engagieren wollen, wobei auch der Geselligkeitsaspekt, wie bei allen Vereinen, Verbänden, Parteien etc., eine Rolle spielt. Dies wird mit fortschreitender gegenseitiger Vertrautheit auch immer deutlicher geäußert, was aber die Ernsthaftigkeit der Mitarbeit nicht schmälert, sondern eher noch beflügelt und die internen Bindungen stärkt.

In einzelnen Fällen haben sich Personen an die Bürgeraktive gewandt, bei denen nach einigen Gesprächen deutlich war, daß sie eher professionelle therapeutische Hilfe brauchen als Mitarbeit oder Hilfen aus dem Tätigkeitsbereich der Bürgeraktive. In solchen Fällen entstehen oft Situationen, die nicht leicht zu handhaben sind. Sie kommen zwar nicht so häufig und massiv vor, daß sie als ernsthafte Dauerprobleme angesehen werden müssen. Dennoch zeigt sich auch hierbei, wie wichtig die professionelle Besetzung des Büros mit einer Person ist, die auch von der Ausbildung her zu einer angemessenen Gesprächsführung und Situationsbewältigung in der Lage ist.

Wie in vielen Gemeinden ähnlicher Lage und Größe, so gibt es auch in Bad Vilbel nach wie vor eine deutliche Trennlinie zwischen sogenannten »Altbürgern« und »Neubürgern«, d. h. zwischen alteingesessenen Familien und solchen Bürgern, die weniger als etwa eine Generation lang in Bad Vilbel wohnen. Oft führt auch eine Wohndauer am Ort von 15 oder 20 Jahren nicht dazu, daß Neubürger in dem Maße sozial integriert sind wie die Altbürger untereinander. Es gibt keine generelle Feindseligkeit zwischen diesen Gruppen, aber die Kontakte bleiben in der Regel auf einer offiziellen oder zumindest weniger vertrauten Ebene als innerhalb der Gruppe der Altbürger. So sind beispielsweise mehrfache Versuche, über ein Straßenfest (also einer »modernistischen« Form der Herstellung von Gemeinschaftlichkeit) erste oder intensivierte Kontakte herzustellen, immer wieder daran gescheitert, daß die Altbürger unter den Anliegern weitgehend dem Fest fernblieben oder dort unter sich blieben. Obwohl inzwischen auch die Altbürger mehr als früher in ihrem Beruf und ihren Freizeitaktivitäten auf Frankfurt bezogen sind, ist die hohe Pendlermobilität und, damit verbunden, eine mehrstündige oder ganztägige Abwesenheit von Bad Vilbel immer noch eher ein Merkmal der Neubürger.

Die mit dieser Situation verbundene quasi »natürliche« Tatsache, daß Neubürger zumeist weder ihre Herkunftsfamilie noch vertraute Milieus am Ort haben, ist eine Hauptursache dafür, daß es von Anfang an fast ausschließlich Neubürger waren, die sich für die Bürgeraktive interessierten und sich beteiligten. So ist davon auszugehen, daß die Neubürger und somit die Mitglieder der Bürgeraktive in stärkerem Maße durch »pluralisierte Lebensstile«[45] gekennzeichnet sind als die Altbürger und, damit einhergehend, durch geringere Möglichkeiten, bei der Bewältigung des Alltags auf traditionelle Ressourcen wie Familie und enge Nachbarschaft zurückzugreifen. Zudem läßt sich bei ihnen – zumindest in bezug auf die hier behandelten Lebensbereiche und Situationen – in der Tendenz eine größere Abneigung feststellen, sich der traditionellen zentralstaatlichen oder wohlfahrtsorganisatorischen Leistungserbringung zu unterziehen und – so die oft ausgedrückte Empfindung – als Standardfall behandelt zu werden. Nach den bisher dargestellten Lebenshintergründen, Zielen und Motiven der Mitglieder der Bürgeraktive deutet vieles darauf hin, daß es im Hinblick auf diese Merkmale Entsprechungen zu der gängigen Charakteristik der »neuen« Helfer in neuen Formen des sozialen Engagements gibt.[46] Der Blick auf die Altersverteilung und die Zusammensetzung nach Männern und Frauen unter den Mitgliedern der Bürgeraktive zeigt, daß sie auch unter diesem Aspekt nicht einfach eine Neuauflage des klassischen ehrenamtlichen Helfertums ist, sondern sehr unterschiedliche Menschen mit vielfältigen Motivlagen und Hintergründen in sich vereint und, so könnte man fast sagen, somit ein Abbild einer modernen, differenzierten Gesellschaft und ihren pluralen Lebensstilen im Kleinen ist. So war hier die Altersverteilung schon sehr früh deutlich ausgeglichener, als dies bei den klassischen ehrenamtlichen Diensten bisher der Fall war: Im März 1990 zum Beispiel waren 26,2 Prozent der in der Bürgeraktive Engagierten unter 30 Jahre alt, 43,2 Prozent waren zwischen 30 und 50 Jahre alt und 30,6 Prozent waren älter als 50 Jahre.

Auch bei der Geschlechterverteilung zeigt sich, daß sich die Mitglieder der Bürgeraktive rein statistisch-sozialstrukturell gesehen zwischen den »alten« und den »neuen« Helfern ansiedeln lassen: gegenüber der klassischen starken Dominanz von Frauen (überwiegend zwischen 40 und 60 Jahren) mit ihrem Anteil von etwa 70 bis 85 Prozent bei den ehrenamtlichen Tätigkeiten waren hier die Verhältnisse etwas ausgeglichener.[47] So waren zum Start der Bürgeraktive Mitte 1988 gut ein Drittel (33,9 Prozent) der Beteiligten Männer, knapp zwei Drittel waren Frauen. Inzwischen ist der Anteil der engagierten Männer auf 28,4 Prozent gesunken. Dies ist vor allem daraus erklärbar, daß sich nach der Eröffnung des Büros die Gewichte zwischen rein planerischer Arbeit, die sich auch ausschließlich in abendlichen Sitzungen durchführen läßt, und der praktischen Arbeit, die überwiegend am Tag anfällt, in Richtung der letzteren verschoben haben. Dadurch entfallen fast alle Realisierungschancen für die Solidaritätspotentiale beim praktischen Engagement für die männlichen Mitglieder der Bürgeraktive, die alle ganztägig berufstätig sind, und das auch noch häufig in Berufen, in denen sich feste Arbeitszeiten nicht einhalten lassen. Die genannte Verlagerung der Arbeit wirkte sich insgesamt so aus, daß im Zuge der Ausweitung der Bürgeraktive fast nur noch Frauen dazukamen und die Zahl der Männer nur wenig wuchs, d. h. relativ gesehen sank.

In der Bürgeraktive sind Elemente des neuen und des alten Engagements oft in ein und derselben Person vereint. Bei einigen älteren, weiblichen Mitgliedern ist die Bereitschaft, anderen zu helfen, oft sehr viel stärker ausgeprägt als die Erkenntnis, selbst auch Hilfe zu brauchen, und die Fähigkeit, dies zu äußern und Hilfe dann auch anzunehmen. Aber auch bei diesen Mitgliedern ist deutlich zu sehen, daß sie ihr Engagement in neuen Formen, wie sie die Bürgeraktive darstellt, umsetzen wollen.

Der Versuch einer Zwischenbilanz des vorgestellten Modells hat mit dem Problem zu kämpfen, daß dessen bisheriger Verlauf nicht an einer eindeutigen und konstant gehaltenen Zielvorgabe gemessen werden kann. Viele Komponenten des Vorhabens – Ausmaß der Rollendifferenzierung zwischen Helfern und Hilfsbedürftigen, Bedeutung des Austauschprinzips, Art und Umfang der nachgefragten und angebotenen Leistungen – waren bewußt nicht als feste Zielgrößen definiert worden, sondern zunächst einmal nur als interessierende Variablen.

Feststellbar ist, daß der Kreis derer, die das Private Unterstützungsnetz bilden, gewachsen ist. Es ist also gelungen, Solidarität – unter bestimmten Bedingungen und für einen bestimmten Anwendungs- und Einzugsbereich – zu »organisieren«. Dabei ist die Verdichtung des Netzes aber schneller erfolgt als die Zunahme der Personenzahl, und diese Verdichtung war eher kommunikativer Art als die »eigentlichen« Unterstützungsleistungen betreffend. Nicht eine Vielzahl anonymer Personen, die »geschäftsmäßig« kleine Hilfen in Anspruch nehmen und dafür andere anbieten, bildet bislang die Basis des Unterstützungsnetzes, sondern ein überschaubarer Kreis von Personen, bei denen es offensichtlich auch einen großen Bedarf an ausführlichen persönlichen Gesprächen gibt, die oft weit über den Anlaß des ersten Kontaktes hinausgehen. Über die optimale Größe des Unterstützungsnetzes – gemessen an der Zahl der Mitwirkenden – läßt sich noch wenig sagen. Hier ist nicht so sehr die Binnenstruktur des Netzes, sondern das (sowohl im Hinblick auf die Helfenden wie auf die Hilfesuchenden) Potential von Interesse, das aktivierbar wäre. Darüber können solange keine hinreichend präzisen Angaben gemacht werden, wie der Katalog der nachgefragten, angebotenen und ausgetauschten Leistungen noch nicht umrissen ist. Betrachtet man Kommunikation selbst als eine solche Leistung, wird eine solche Bestimmung immer schwierig sein – obwohl auf der Hand liegt, daß das Modell in dieser Hinsicht ein Erfolg ist.

Ein mit Blick auf das sozialpolitische Grundanliegen des gesamten Modellvorhabens klar erkennbares Defizit ist allerdings feststellbar. Gerade diejenigen, die Unterstützung am meisten benötigen, sind am schwersten zu erreichen. Aber auch in die »Normalbevölkerung« hinein hat sich das Problem der Öffentlichkeitsarbeit als unerwartet schwierig erwiesen. Es dauert lange, bis man als neue Einrichtung wirklich bekannt ist, bis man »dazugehört«, bis man ernst genommen wird und bis man so weit im Bewußtsein zumindest eines Teils der Bevölkerung verankert ist, daß man ihm als Adressat für bestimmte Anliegen überhaupt einfällt – daß Solidarität auch bei der tagtäglichen Lebensbewältigung etwas Abrufbares sein kann.

Beim Versuch, die Etablierung des Privaten Unterstützungsnetzes zu beschleunigen, stehen den Organisatoren viele Variablen zur Einflußnahme zur Verfügung, eine freilich nicht: die Vertrauensbildung. Der Wunsch nach dem Gespräch ist ein wichtiger Bestandteil der

Wünsche nach vielen anderen Leistungen, oft ist das Gespräch eigentlich das, was gesucht wird – jedenfalls zunächst einmal. Dieses Kommunikationsbedürfnis ist aber erst dann realisierbar, wenn die dafür erforderliche Vertrauensbasis geschaffen ist, und in diesem Prozeß ist die Zeit offenbar ein Element, das durch nichts anderes zu ersetzen ist. Das gilt für die jeweilige Beziehung zwischen Helfer und Hilfsbedürftigen ebenso wie für jeden einzelnen im Verhältnis zum Unterstützungsnetz – zu seinem Image, zum Ansehen seiner zentralen Initiatoren – insgesamt.

Die Erwartung, daß das Unterstützungsnetz vorerst weiter wachsen wird, stützt sich vor allem auf die Tatsache, daß trotz des gewiß großen Bedarfs an Unterstützungsleistungen im Rahmen des Modellvorhabens derzeit mehr Hilfsangebote als konkrete Nachfragen vorliegen. Die Solidaritätspotentiale sind vorhanden, aber es wird noch viel Zeit, viel Sondierung, viel Vertrauensarbeit, viel organisatorische Flankierung, aber auch eine solide Unterstützung aus den sozialstaatlichen Töpfen erforderlich sein, um sie wirksam werden zu lassen.

Es konnte nicht überraschen, daß die modellhafte Einrichtung eines Privaten Unterstützungsnetzes auf (weitgehend) freiwilligen Fundamenten immer wieder auch im Hinblick auf dessen Stellung zum Sozialstaat diskutiert worden ist: ergänzt es ihn, ersetzt es ihn, entlastet es ihn oder hat es mit seinen Aufgaben im wesentlichen nichts zu tun? Solche Fragen sind nicht endgültig zu beantworten, weil weder der Katalog der sozialstaatlichen Leistungen noch die Handlungsfelder des Privaten Unterstützungsnetzes für immer fixiert sind. Beim gegenwärtigen Stand sind die im Rahmen des Modellprojekts angebotenen und entgegengenommen Leistungen am ehesten als »ergänzend« zu charakterisieren. Sie nehmen den sozialstaatlichen Systemen nichts weg, aber dadurch, daß sie in deren Vorfeld erbracht werden und funktionell vielfältig darauf bezogen sind, bilden solche Netze und der Sozialstaat kein beziehungsloses Nebeneinander. Der bisherige Verlauf des Modellversuchs hat den konzeptuellen Grundgedanken bestätigt, daß sozialstaatliche Solidarität und die Solidarität aus den Privaten Unterstützungsnetzen einander ergänzen und daß die Verknüpfung beider Seiten hier wie dort zu größerer Effektivität beiträgt. Das wäre dann auch die Rechtfertigung dafür, daß die unverzichtbaren wenigen hauptamtlichen (und daher Geld kostenden) Elemente in den Privaten Unterstützungsnetzen vom Sozialstaat getragen werden müssen. Gelingt eine flächendeckende Etablierung solcher Netze, wird der Nutzen die Kosten für die Gesellschaft insgesamt immer übersteigen, und den bestehenden professionellen Diensten würde gleichzeitig nichts entzogen.

Das Problem, im Vergleich zu den präzise im Haushaltsplan stehenden Kosten auch den Nutzen sozialpolitischer Aktivitäten zu beziffern, ist alt und wird sich auch auf längere Sicht nicht beheben lassen. Sie dienen ja gerade dazu, bestimmte als negativ erachtete Zustände gar nicht erst (oder zumindest nicht in ihrer extremen Form) entstehen zu lassen. Insofern erfährt man nie genau, was es gekostet hätte, eine Drogenberatung, eine Notunterkunft für Obdachlose nicht eingerichtet oder andere Maßnahmen unterlassen zu haben. Doch selbst die »Durchführung« solcher »Tests« würde keine unstrittigen Erkenntnisse über die Kosten-Nutzen-Relation liefern, weil die Zuordnung kostenträchtiger Konsequenzen zu nicht erfolgten sozialpolitischen Maßnahmen immer schwierig und die Zuordnung erfolgter Maßnahmen zur allgemeinen Wohlfahrt noch schwieriger ist. Niemand weiß genau zu sagen, welchen Nutzen etwa die 105 Millionen Mark gestiftet haben, die die Stadt Frankfurt im Jahr 1990 für Jugendhilfe ausgegeben hat. Noch schwieriger werden Nutzen-Kosten-Analysen in diesem Bereich dadurch, daß die Abwägung fast nie ausschließlich im Hinblick auf die Kosten im Sinne des »Was wäre wenn...?« bzw. des »Welche Kosten ergäben sich, wenn...?« erfolgt, sondern zumeist auch im Hinblick auf Zielvorstellungen über die Qualität des Lebens. Die Kosten einer bestimmten Lösung werden also nicht mit den Kosten einer alternativen Lösung verglichen, sondern mit einer Norm.

Doch die Tatsache, daß nicht alles exakt monetär bezifferbar ist, enthebt die Entscheidungsträger nicht der Notwendigkeit, Nutzen und Kosten auch im engeren Sinne immer wieder gegeneinander abzuwägen. Das gilt auch für das Für und Wider der Förderung eines Privaten Unterstützungsnetzes. Die Kosten für ein Modell, das dem hier vorgestellten entspricht, sind schnell umrissen. Sie umfassen die Personalkosten für ein oder zwei hauptamtliche Mitarbeiter in der Koordinierungsstelle, die Miete für die Unterbringung dieser Stelle und einen Raum für Gruppentreffen oder Sitzungen sowie die laufenden Kosten. Ein Modell wie das hier vorgestellte ist etwa ab einem Jahresetat in der Höhe von 200 000 DM funktionsfähig.

Der Nutzen, den ein Privates Unterstützungsnetz und die darin praktizierte Alltagssolidarität stiften, ist in vier Kategorien von Leistungen zu sehen. Erstens kann es den Sozialstaat in Teilen davor bewahren, Leistungen übernehmen zu müssen, die bisher vorrangig im Rahmen der Familie, der Verwandtschaft und manchmal noch der häuslichen Nachbarschaft erbracht worden sind, die von diesen Subsystemen aber künftig nicht mehr im gleichen Umfang erbracht werden. Zweitens kann es solche Komponenten aus dem Leistungsangebot sozialstaatlicher Dienste – Kontakt, Kommunikation, zwischenmenschliche Beziehung, Zeit füreinander haben – abspalten, für die diese eigentlich nicht gedacht sind und für die sie aufgrund ihrer eigenen Struktur auch nicht über die besten Voraussetzungen verfügen. Drittens vermag es – wegen der besseren Abdeckung der kommunikativen und alltäglichen Elemente in den Hilfeleistungen – die Schwelle hinauszuschieben, von der ab professionelle und damit nahezu immer sozialstaatlich getragene Hilfen einsetzen müssen. Wie eng Einsamkeit, fehlende Kontakte und mangelnde soziale Einbindung mit negativen Folgen für die psychische und physische Gesundheit zusammenhängen, zeigen die Ergebnisse neuerer medizinischer und sozialpsychologischer Forschung sehr deutlich.

Alle drei Punkte entziehen sich nicht prinzipiell einer monetären Bewertung. Auf der Basis von mehr als zweihundert Personen, die etwa das oben dargestellte Unterstützungsnetz in Bad Vilbel bilden, ließe sich auch eine Nutzen-Kosten-Rechnung im engeren Sinne erstellen – und der Nutzen wäre schon dabei größer als die Kosten. Hinzu kommt aber noch jener Nutzen – und damit die vierte Kategorie von Leistungen –, der sich nicht aus ökonomischen Größen, sondern am Maßstab von Werten ergibt – Werten wie menschliche Autonomie, persönliche Integrität, Eigenständigkeit, Fähigkeit zur Selbsthilfe. Denn die durch Private Unterstützungsnetze gelingende Stabilisierung der Fähigkeit zu einem zugleich integrierten wie eigenständigen Leben in den eigenen vier Wänden, das vor allem alte und behinderte Menschen immer wieder bedroht sehen, erspart dem Sozialstaat nicht nur Kosten, sondern sie erhöht auch die Lebenszufriedenheit der Betroffenen. Private Unterstützungsnetze tragen damit auch zur Erfüllung von Normen bei, die sich die modernen Gesellschaften selbst gesetzt haben.

Bleibt die Frage, ob das Modell der Privaten Unterstützungsnetze besser ein sinnvoller, aber einmaliger Versuch bleiben sollte, oder ob es als zukunftsweisender Weg einer neuen Sozialpolitik anzusehen ist. Wir meinen letzteres, weil für viele der absehbaren Probleme und Aufgaben der Sozialpolitik nur ein Weg zwischen sozialstaatlicher Intervention und Familienhilfe gangbar erscheint. Für eine weitere Verbreitung des Modells – und seine Implementationsfähigkeit – spricht, daß es in seiner ersten Anwendung in Bad Vilbel trotz der geschilderten Schwierigkeiten erfolgreich ist und daß es sich in seiner konkreten Anwendung als den situativen und lokalen Besonderheiten anpaßbar erwiesen hat.

Als Bedingungen der Funktionsfähigkeit von Privaten Unterstützungsnetzen – und damit der Organisierbarkeit von Alltagssolidarität – sind einige Faktoren benennbar. Es bedarf in jedem Fall eines aus öffentlichen Mitteln getragenen Büros und einer professionellen Besetzung, um den grundlegenden Anforderungen einer sozialstaatlich unterstützten Hilfe zur Selbsthilfe gerecht zu werden und den Bürgern aufwendige organisatorische Arbeiten vor dem eigentliche Engagement abzunehmen. Des weiteren ist davon auszugehen, daß ein bestimmter Einzugsbereich, sowohl hinsichtlich der Einwohnerzahl als auch räumlich, weder über- noch unterschritten werden sollte. Weder macht es Sinn, ein Privates Unterstützungsnetz mit den gesamten 640000 Einwohnern einer Stadt wie Frankfurt zu versuchen, noch scheint es erfolgversprechend, dies in einem 200-Seelen-Dorf zu tun. In dem ersten Falle wären räumliche und soziale Distanz zu hoch, in dem zweiten Falle wären zuviel soziale Nähe und Kontrolle, zu wenig personale Ressourcen und – immer noch – ein zu hoher Grad an vorhandener sozialer Integration zu erwarten. Nach vorläufiger Erfahrung ist eine Zahl zwischen 20000 und 60000 Einwohnern einer Gemeinde oder eines Stadtteils als sinnvolle Größenordnung anzusehen.

In dem Bad Vilbeler Fall hat es sich als sehr hilfreich erwiesen, die Zustimmung und Unterstützung der Stadt zu haben sowie mit einer Gruppe ortsansässiger Bürger mit sozialem Engagement zusammenarbeiten zu können. Insofern ist eine solche Konstellation in der Regel als gute Ausgangslage und Erfolgsbasis für ein Privates Unterstützungsnetz anzusehen, sie ist jedoch keine conditio sine qua non. Denkbar wäre auch, sich der Zusammenarbeit mit einer Person zu versichern, die als MeinungsführerIn vor Ort gilt und »gute Beziehungen« hat, oder sich von Anfang an mit einer Reihe von angesehenen Vereinen oder Organisationen vor Ort zusammenzutun. Wesentlich ist also weniger die konkrete Form als vielmehr die Realisierung lokaler Eingebundenheit, des Wissens um die Besonderheiten des jeweiligen Standorts und des baldmöglichen Zugangs zu örtlichen Netzen, welcher Art auch immer.

Der Versuch, das Unterstützungsnetz – soweit möglich – nicht als jeweils einseitiges Geben oder Nehmen, sondern als Austausch von Leistungen zu organisieren, hat nicht nur einen therapeutischen Sinn erfüllt, sondern sich auch als stabilisierendes Element der Netzbildung erwiesen. In der Tendenz ist erreicht worden, daß die Anbieter und Nachfrager von Unterstützungsleistungen nicht in zwei deutlich getrennte Lager zerfallen, sondern viele der einbezogenen Personen beides zugleich sind, je nach Bedürfnissen, Fähigkeiten und Lebenssituation zwischen beiden Rollen wechseln.

Dies führt unter den Beteiligten nicht nur zu der Einschätzung von Angemessenheit und Gerechtigkeit der wechselseitigen Leistungen im Unterstützungsnetz, sondern hat auch noch weitergehende, sozialpolitisch wünschbare Effekte. Alte Menschen sind hierfür ein gutes Beispiel: Ihre Hilfsbedürftigkeit ist häufig offensichtlich, ihre Fähigkeiten in all den Bereichen, die durch ihr Alter nicht beeinträchtigt sind, werden aber oft übersehen und bleiben daher ungenutzt. Das Gefühl, gebraucht zu werden und selbst etwas Sinnvolles tun zu können, ist ein wichtiger Bestandteil der Lebensqualität und wird in der Sozialpolitik immer noch viel zu wenig berücksichtigt. Darüber hinaus kann auf diese Weise ein allgemeines Gefühl der prinzipiellen Gleichheit aller Beteiligten im Unterstützungsnetz entstehen, das wiederum die Interpretation der Gleichheit auch in den Interessenlagen trotz unterschiedlicher Lebenssituationen unterstützt: Die Gleichheit der Interessen ist hier nicht in den konkreten Unterstützungsleistungen zu sehen, sondern, etwas abstrakter, in der Tatsache, daß alle Beteiligten ein Alltagsproblem haben, das sie allein oder innerhalb des engsten Familien- oder Nachbarschaftskreises nicht lösen können oder wollen.

Last not least haben sich der Grundsatz und die strikte Einhaltung weltanschaulicher Neutralität – in Verbindung mit deutlicher Offenheit gegenüber Aktivitäten und Kooperationsangeboten, die in der Sache zu den Zielen des Privaten Unterstützungsnetzes passen – als dienlich erwiesen. Nicht nur, daß damit der wachsenden Zahl der

Bürger, die sich weder kirchlich-religiös noch parteipolitisch fest binden wollen, eine für sie problemlose Form des Engagements angeboten wird; es hat sich auch gezeigt, daß weltanschaulich gebundene Institutionen oder Bürger für bestimmte Aktivitäten in einem Privaten Unterstützungsnetz gewonnen werden können, da keine Vereinnahmung über die Sache hinaus befürchtet wird.

Ein interessantes Phänomen ist, daß trotz der weltanschaulich sehr heterogenen Zusammensetzung der Mitglieder der Bürgeraktive und trotz entsprechend kontroverser Meinungen zu den Geschehnissen in der Stadt und in der übrigen Welt es bisher noch nie zu einem ernsthaften Konflikt zwischen den Beteiligten gekommen ist. Ein entscheidender Faktor dafür scheint zu sein, daß zumeist die anstehenden Entscheidungen und Aufgaben auf die konzeptuellen Vorgaben des Vorhabens bezogen werden. Es wird immer gefragt, wie dies und jenes zu den Zielen und Vorgehensweisen der Bürgeraktive paßt; ob und wie es in ein vorgegebenes Parteiprogramm oder zu der Einstellung der Kirchen paßt, wird nicht erörtert – obwohl die Mitglieder religiöse und politische Präferenzen durchaus haben. Offenbar hat das Konzept des Modells eine solidaritätsstiftende Bindekraft im Sinne gemeinsamer Meinungen und Werte, die bei der Arbeit daran andere Orientierungen in den Hintergrund treten läßt.

Solidarität statt Liebe? Partnerschaftsprobleme zwischen Frauen und Männern

Die Aufgaben, deren Lösung von Partnerschaftssolidarität, insbesondere zwischen Männern und Frauen, aber auch bei gleichgeschlechtlichen Paaren, heutzutage erwartet wird, sind zweierlei Art.
Zum einen geht es darum, die Bedürfnisse der Partner – und ihrer Kinder – nach dauerhafter Geborgenheit, nach diffuser, aber unverbrüchlicher Zuneigung und Unterstützung, nach einem verläßlichen Halt in allen Fährnissen und nach gesteigertem Glück, kurz: nach sozio-emotionaler Stabilität zu befriedigen. Zum anderen soll Solidarität eine Strukturumstellung von der traditionell patriarchalischen Ehe auf die moderne egalitäre Partnerschaft bewerkstelligen.
Im Hinblick auf diese neuartige Aufgabe sind es die Frauen, die die

Solidarität des Partners einfordern, um das Zusammenleben zu zweit bzw. in der Familie zu ändern. Hinsichtlich der altbekannten Funktion der sozio-emotionalen Stabilisierung dagegen ist der Appell zur Solidarität, um das Zusammenleben in der Familie zu erhalten, eher von Männern an Frauen gerichtet – auch wenn ein solcher Appell, weil nicht mehr zeitgemäß, heute oft unterschwellig bleibt.

Bewahrung des Zusammenlebens – Änderung des Zusammenlebens: in diesen beiden Forderungshaltungen ist ein Konflikt angelegt. Wie ist es dazu gekommen?

In einem langdauernden und anhaltenden Prozeß der Auslagerung von Funktionen sind der Familie auch ihre traditionellen Stabilisierungsfaktoren, nämlich religiös-moralische, ökonomische, auch physische Zwänge abhanden gekommen. Partnerschaften und Ehen sind heute auf Liebe gebaut; sind sie es nicht, dann weichen sie von der Norm ab. Liebe, sei es als Leidenschaft, sei es als frei sich bildender Einklang der Seelen, ist aber alles andere als stabil. Lassen ihre Bindekräfte nach und stehen die heute diskreditierten Zwangsbindungen, Überbleibsel aus der Notgemeinschaftsfamilie früherer Zeiten, nicht mehr zur Verfügung, dann kann die Ehe nur noch durch Solidarität gerettet werden.

Die innere Verwandlung der individuellen Ehe von der Liebes- zur Solidargemeinschaft – wie sie sie verstehen – wird von Männern in der Regel leichter vollzogen als von Frauen. Jenen sind Liebe und Ehe herkömmlicherweise nicht der einzige Mittelpunkt ihres Lebens; durch ihre außerhäuslichen und beruflichen Engagements ist ihnen der Typus der Solidarbeziehung auch vertrauter.

Frauen dagegen sehen in der Verwandlung von Liebe in Solidarität eher einen Sinnverlust – es sei denn, die profanen Solidaritätsleistungen, zu denen Männer gelegentlich, etwa in der Hausarbeit, zu bewegen sind, lassen sich als Liebesbeweise interpretieren. Gemessen an Liebe, kann Solidarität nur als eine fade, schwache Art von sozialer Beziehung empfunden werden, »nichts Halbes und nichts Ganzes«, wie es volkstümlich heißt. In der modernen Welt, in der Partnerschaft und Ehe untrennbar mit Liebesideal und Liebesanspruch verbunden sind, erscheint ihnen – und auch vielen Männern – Solidarität in der Ehe als »zu wenig«. »So« möchten sie nicht mit dem Partner zusammenleben. »Lieber Trennung als Nebeneinanderherleben« lautet die weitverbreitete Formel, die gegen Ehe und Partnerschaft als Solidarbeziehung spricht und zugleich die Konsequenz enthält, die daraus zu ziehen sei.

Das größte Hindernis für eine Stabilisierung der Partnerschaft durch Solidarität ist also, erstaunlicherweise, der Liebesanspruch. Wo er herrscht, ist reale Solidarität als alleinige Basis diskreditiert.

Akzeptieren Frauen, daß ihnen statt Liebe, wie sie sie empfinden und sich wünschen, nur Solidarität entgegengebracht wird, taucht neben einem Qualitäts- auch noch ein Quantitätsproblem auf: die Solidarität ebenso wie die Liebe, die die Männer aufbringen, wird von Frauen oft als unvollkommen, defizitär erlebt, weil nicht in gleicher Intensität gespürt und nicht von gleich zu gleich geübt. Solidarität enthält, selbst in partnerschaftlich intendierten Ehen, fast immer männliche Privilegien: höheres Einkommen, stärkeres Engagement und bessere Aufstiegschancen im Beruf, geringere Beteiligung an Hausarbeit und Kinderpflege.

Frauen fordern konsequenterweise: mehr Solidarität, also mehr Gleichheit aus freien Stücken. Diese Forderung nach strukturellem Wandel innerhalb der Partnerschaft bekommt ihre besondere Schärfe und Sprengkraft, wenn die Bindekraft der Liebe sich verflüchtigt hat und Solidarität an ihre Stelle treten soll. Sie kann aber durchaus auch dort auftreten, wo die Partnerschaft, noch, durch Liebe gehalten wird. Liebe mildert dann die Konflikthaftigkeit der Solidaritätsforderung ab. Aber diese zehrt auch an der Liebe. Liebe und Solidarität sind eben nicht nur einander ergänzende, sondern auch sich widersprechende, konkurrierende Bindekräfte.

Zu erklären ist die Forderung der Frauen nach struktureller Verwandlung der Ehe in eine Partnerschaft der Gleichen dadurch, daß sie in den letzten Jahrzehnten einen epochalen Zuwachs an Macht und Freiräumen erfahren haben. Mit den neuen Methoden der Empfängnisverhütung ist die Entscheidung über die Zahl der Kinder technisch, aber vielfach auch sozial vollständig auf sie übergegangen. Und mit der Verringerung der Kinderzahl und dem dadurch ermöglichten Engagement in Beruf und Bildungssystem haben sie heute eine sehr viel weitergehende Dispositionsfreiheit als noch vor einigen Jahrzehnten – und vermutlich eine größere als jemals zuvor in der Geschichte.

Die Erfahrung des Machtzuwachses der Frauen kontrastiert allerdings mit der Erfahrung des Fortbestehens männlicher Privilegien, die paradoxerweise um so unerträglicher empfunden werden, je schwächer sie werden. Die dadurch ausgelöste relative Deprivation, in Verbindung mit der Erweiterung des Aktivitätsraums der Frauen, bringt eine neue Art von öffentlicher Frauenkultur und Frauensolidarität hervor, wodurch die individuellen Forderungen in der Partnerschaft kollektiv abgestützt und verstärkt werden. Frauensolidarität kann zur Waffe werden – gegen Ehesolidarität, wie Männer sie verstehen. Sie destabilisiert die überkommene Privilegien-Ehe.

Frauensolidarität wendet sich ihrer Intention nach nicht gegen die Ehe schlechthin, sondern gegen die hierarchischen, patriarchalischen Elemente, die in ihr überdauern. Da diese aber auch in partnerschaftlich konzipierten Verbindungen nicht ganz ausgeräumt sind, ja dort wegen besonderer Sensibilität und hohen Anspruchsniveaus sogar verstärkt wahrgenommen werden, reicht die destabilisierende Wirkung von Frauensolidarität gerade auch in diese hinein. In dem Maße, in dem Frauensolidarität Frauen in ihrer Forderungshaltung bestärkt, schwächt sie eheliche Bindungen, die partnerschaftlichen noch mehr als die patriarchalischen. Männer verfügen offenbar nicht über das Potential zur schnellen Selbstverwandlung, das ihnen angesonnen wird. Es geht Frauen in der Regel ja nicht mehr nur um den Abbau von Ungleichheiten und verbliebenen Zwängen in der Ehe, also um Komplettierung von Solidarität in ihrem Sinne. Es geht ihnen auch darum, diese Solidarität mit dauerhafter Liebe im emphatischen Sinn zu vereinbaren, sie gleichsam darin aufgehen zu lassen – auch wenn sie das Nachlassen der ersten emphatischen Liebe im Laufe der Zeit bei sich selbst betrauern. Der Konflikt zwischen den Geschlechtern ist vorwiegend nicht mehr einer über die Gleichverteilung von Rechten, Lasten, Chancen, sondern über die Definition von Liebe und Solidarität, die in der Partnerschaft gelten soll. Er ist ein kultureller Konflikt, weil er ein Konflikt über Leitbilder ist. Er ist zugleich ein Machtkonflikt, weil es um die Vorherrschaft von schwerlich vereinbaren Bildern geht.

Der Kampf geht auf Biegen und Brechen – die hohen und weiter steigenden Scheidungs- und Trennungsraten beweisen es, und es sind die Frauen, die dabei in die Offensive gehen und das Risiko des Aufbrechens von Familien und Partnerschaften nicht scheuen.[48] Dies nur durch die neue materielle und soziale Unabhängigkeit der Frauen erklären zu wollen, greift zu kurz. Frauen können den Verlust von Familienbindungen sozio-emotional wohl auch besser, zumindest anders verkraften als Männer, wie schon Emile Durkheim um die Jahrhundertwende in seiner klassischen Studie über Selbstmordrisiken statistisch gezeigt hat.[49]

Die Politik steht diesen Destabilisierungsprozessen hilflos gegenüber. Sie gehorchen tieferen, von politischer Steuerung nicht oder nur auf Umwegen erreichbaren gesellschaftlichen Wandlungen und Aufbruchsstimmungen. Wie soll man hier auf Solidarität als Stabilisierungsfaktor, also Problemlösung hoffen, wenn das Problem darin besteht, daß zwei verschiedene Leitbilder von Solidarität miteinander konkurrieren?

Wenn man politische Interventionspunkte sucht, dann mögen sie am ehesten dort zu finden sein, wo die Rahmenbedingungen für die »neue« Solidarität geformt werden – für eine Solidarität also, wie die Frauen sie meinen.

– Wie schon bei der Solidarität zwischen den Generationen spielt auch hier die Arbeitszeitpolitik, genauer: Arbeitszeitverkürzung und Angleichung der Arbeitszeiten von Mann und Frau, eine Schlüsselrolle; so können Voraussetzungen dafür geschaffen werden, daß Männer ihren Teil der häuslichen Arbeiten übernehmen *können*. Die Hindernisse, die diesem Trend besonders in der Berufswelt entgegenstehen, sind beträchtlich, aber auf längere Sicht, wie Burkhard Strümpel und seine Mitarbeiter in ihren Untersuchungen gezeigt haben, nicht unüberwindlich. Sie folgern, »daß persönliche und familiäre Wünsche und Präferenzen für Arbeitszeitumverteilung in einer gleichgültigen, skeptischen oder gar feindseligen sozialen Umwelt offenbar nicht ausreichen, um entsprechende Regelungen konsensual durchzusetzen. In einer auf Vollzeitarbeit eingestellten Arbeitsgesellschaft ist familienfreundliche Arbeitszeitflexibilität ein zartes Pflänzchen, das ohne Pflege vom Normalarbeitstag immer wieder überwuchert wird. Der Erfolg einer Strategie der Arbeitsumverteilung ist ohne eine entschlossene, von den wichtigen Interessenverbänden und vom Staat gemeinsam getragene Initiative nicht denkbar«.[50]

– Bleiben die Widerstände der Männer selbst: Widerstände dagegen, den neugewonnenen Rahmen für Solidarität auch tatsächlich mit solidarischem Handeln zu füllen. Es gibt hier eine Koalition aus Beharrungskräften der Gewohnheit, Bequemlichkeit, Selbstentfaltungsbestrebungen und beruflicher Leistungsmotivation. Eine

Image-Politik zur Veränderung des männlichen Leitbilds kann dagegenhalten und ist einen Versuch wert – die Erfolgserwartungen sollten allerdings nicht hoch gespannt sein.
- Erfolgversprechend – weil einfach – ist eine Politik, die die Kosten der neuen Solidarität zwischen Männern und Frauen nach außen verlagert. Statt häusliche Belastungen intern umverteilen zu wollen, zielt sie darauf ab, zusätzliche Ressourcen zu erschließen und somit die Konfliktfalle des Nullsummenspiels zu öffnen. Weniger häusliche Arbeit für die Frau – und nicht mehr, oder kaum mehr, für den Mann, könnte die Zauberformel heißen. Vier Maßnahmenbündel bieten sich an, um sie umzusetzen:
- öffentliche Einrichtungen wie Tagesstätten und Ganztagsschulen für Kinder.
- Rationalisierung der Hausarbeit.
- Die Organisation nicht kommerzieller Unterstützungsnetze, wie wir sie im vorhergehenden Abschnitt beschrieben haben.
- Insbesondere aber die Wiederbelebung eines Marktes für persönliche Haushaltshilfen, der durch hohe Lohn- und Lohnnebenkosten und administrative Fesseln als offizieller Markt fast völlig erstickt worden ist. In die Illegalität abgedrängt, treibt er dort zum Teil exotische Blüten, weil es sowohl eine große Nachfrage und, international, ein noch größeres Angebot gibt. Da das gewaltige Wohlstandsgefälle zwischen Industriegesellschaften und dem Rest der Welt auf unabsehbare Zeit das Problem der internationalen Solidarität (vgl. dazu das dritte Kapitel) verschärfen und den Druck des Zustroms von Arbeitswilligen aus anderen Ländern erhalten wird, ist es ein Anachronismus, auf die Migrationen, die ja individuelle Lösungsversuche im kleinen für weltweite Probleme sind, mit rigider Abschottung und Arbeitsverboten zu reagieren. Hier ist politische Phantasie gefordert, um offiziell oder halboffiziell »Übergangsarbeitsmärkte«, weitergefaßte Au pair-Regelungen usw. zuzulassen; so ist ausländischen Arbeitsuchenden eine Chance zu geben, ohne ihnen sogleich das in den Industrieländern erreichte Niveau der Löhne und sozialen Absicherung verordnen zu wollen. Die vorherrschende Politik des Alles oder Nichts – wobei Nichts die Aussperrung vom deutschen Arbeitsmarkt bedeutet – ist blind nicht nur für

die Interessen einheimischer und ausländischer Bevölkerungsgruppen. Sie begibt sich auch solidaritätsstiftender Möglichkeiten nach innen und nach außen.

Werfen wir noch einen Blick auf Solidarität in der Partnerschaft, wie die Männer sie meinen: ein Arrangement des Zusammenbleibens, auch wenn die Liebe abgekühlt ist und die Lasten in der Partnerschaft nicht völlig gleich, sondern, in den Augen der Frauen, zugunsten des Mannes verteilt sind. Von den Frauen verlangt die Solidarität, die ihnen in dieser Lage angesonnen wird: Zurückstecken von eigenen Ansprüchen, insbesondere Gleichheitsansprüchen; ferner Bereitschaft, auch ohne die Verwirklichung ihres Leitbildes der Liebe in der Partnerschaft zu bleiben; schließlich Verständnis für die beschränkte Veränderbarkeit des Mannes. Ein solches Bündel von Einstellungen entzieht sich jedem Versuch offizieller politischer Einwirkungen.

Wenn es »herstellbar« ist, dann nur durch Einsichten, die von Frauen selber gewonnen und in der für Frauen vertrauenswürdigen und meinungsbildenden Literatur verbreitet werden – wie jüngst in dem Buch von Benard und Schlaffer, in dem um Verständnis für die Männer und ihre »andere Art« zu lieben geworben wird und Ansprüche, sie zu ändern, zurückgeschraubt werden.[51] Das Abrücken von rigoristischen Postulaten mag damit zusammenhängen, daß Frauen in Bildung und Beruf eine neue Selbstsicherheit gewinnen und zunehmend Solidaritätserfahrungen machen, die es ihnen erleichtern, auch in der Partnerschaft die Art von Solidarität zu akzeptieren, ja sich anzueignen, die die Männer meinen.

Ob im fortdauernden Konflikt nun »weibliche« oder »männliche« Solidarität sich durchsetzt – es ist höchst fraglich, ob irgendein Typus von Solidarität die steigenden Scheidungs- und Trennungsraten stoppen kann. Sie scheinen in tieferliegenden Mobilisierungsprozessen moderner Gesellschaft begründet. Indessen ist Solidarität gerade auch *nach* Scheidungen und Trennungen gefordert, in denen die Bindungen zwischen den Partnern, z. B. im Interesse gemeinsamer Kinder, nicht abreißen sollen. Es ist anzunehmen, daß die Fortdauer solcher nachehelichen Bindungen um so wahrscheinlicher ist, je »normaler« die Institutionen der Scheidung und Trennung werden. Hier liegen, so paradox es klingen mag, zukünftige

Solidaritätspotentiale – denn Solidarität ist ja freiwillige gegenseitige Hilfe auf Grund alter Verbundenheit oder gleicher Interessen gerade auch zwischen Personen, deren ausdifferenzierte Interessen sich ansonsten auseinanderentwickelt haben: eine schwächere Bindung als die Liebe, aber eben doch Bindung. Politik und Rechtsprechung finden hier einen Bereich, wo sie unmittelbar solidaritätsfördernd eingreifen können, etwa indem sie die in Deutschland noch völlig unterentwickelte Institution des gemeinsamen Sorgerechts ausbauen.[52]

3. Kapitel:
Solidarität in der Weltgesellschaft

Solidarität im Kampf um Menschen- und Völkerrechte

Es sind vor allem drei Problemkomplexe, zu deren Regelung internationale Solidarität gegenwärtig beschworen wird. Erstens Normverstöße gegen das Völkerrecht, wie der Überfall des Irak auf Kuwait, oder gegen die Verletzung von heute fast universal akzeptierten Menschenrechten, wie in der Apartheid. Zweitens ökologische Probleme und ökonomische Entwicklungsgefälle von Nord nach Süd und von West nach Ost. Drittens, in umgekehrter Richtung, die anhaltenden Wanderungen aus ärmeren und bevölkerungsreichen Gesellschaften in Industriegesellschaften, wodurch dort das Problem internationaler Ungleichheit innenpolitisch zu einer Herausforderung an Solidarität und Toleranz gegenüber den Zuwanderern wird. Entwicklungsgefälle: das bedeutet eine elementare Ungleichheit in den Fähigkeiten, neue Probleme zu lösen. Während Industriegesellschaften über Ressourcen und wissenschaftliche und soziale Kompetenz verfügen, um selbstgeschaffene Probleme wie Armut, Aids und Umweltzerstörung in Grenzen zu halten, sind traditionale Gesellschaften solchen Problemen, die in der Regel außerhalb ihrer selbst entstanden sind und in sie hineingetragen werden, nahezu hilflos ausgeliefert.

In dieser Konstellation sind die faktischen Möglichkeiten zur internationalen Solidarität höchst ungleich verteilt. Solidarität ist fast dazu verdammt, sich auf einer Einbahnstraße zu bewegen: von den problemlösungsfähigen zu den problemlösungsbedürftigen Gesellschaften. Fatalerweise stellt sich aber Solidarität nicht dort ein, wo sie am meisten gebraucht wird, zwischen den wohlhabenden Gesellschaften in der nördlichen Hemisphäre und den Habenichtsen im Süden und Osten, sondern viel eher zwischen den Industrieländern mit gleicher Interessenlage – und dann, im Grunde, *gegen* die wenig industrialisierten Länder, die doch der Solidarität bedürften. Solidarische Beziehungen sind eben selbst, wie wir gezeigt haben, ein Produkt der Modernität, also eine Ressource, über die die modernen Gesellschaften in viel größerem Maße verfügen als die rückständigen. Man denke nur an die desparaten Versuche der arabischen Länder, zu solidarischem Handeln zu gelangen, an die Zerstrittenheit in Südostasien, die Konflikte in Sri Lanka und auf dem indischen Subkontinent, oder an die Uneinigkeit Schwarzafrikas. Demgegenüber manifestiert sich Solidarität der Industriegesellschaften untereinander in ihren wirtschaftlichen und militärischen Zusammenschlüssen wie EG, OECD, NATO. Es sieht so aus, als komme diese industriegesellschaftliche Solidarität erst jetzt voll zum Tragen, nachdem sie zuvor durch den faschistischen und nationalsozialistischen Größenwahn und anschließend durch den ideologisch aufgeblähten Ost-West-Konflikt gesprengt worden war. Wie alle großen Konflikte hatten jedoch auch diese historischen Querschläger reinigende Wirkungen: sie banden zunächst die westlichen Industrienationen gegen ihre totalitären Herausforderer enger zusammen. Dadurch entstanden Solidaritätskerne, an die sich heute im Eiltempo immer mehr Gesellschaften anlagern.

Auf keinem anderen Feld springt die Vielfalt und Widersprüchlichkeit von Solidaritätsmöglichkeiten und -forderungen so ins Auge wie auf dem der Beziehungen zwischen Gesellschaften. In diesen Beziehungen geht es nicht um individuelle, sondern um kollektive Solidarisierung. Sie kann offen, offiziell und organisiert in Erscheinung treten, ausgedrückt durch den Staat oder zwischenstaatliche und außerstaatliche Organisationen, z. B. das Rote Kreuz. Sie kann aber auch in einer gemeinsam geteilten Stimmungslage vorhanden sein, die sich in kollektiven Bewegungen Luft macht, unter Umständen aber latent bleibt oder bleiben muß. Der Staat, in dessen Innerem eine solche Stimmung entsteht, gerät unter Handlungsdruck. Andererseits: eine staatliche Führung, die ohne gesellschaftliche Einstimmung Solidarität mit anderen Staaten oder Völkern offiziell erklärt oder verweigert, steht mit dieser Politik auf schwachen Füßen. Staatliche Solidarität braucht Grundlage und Widerhall in den Einstellungen der Bürger.

In der Welt der Staaten, die in den Vereinten Nationen von gleich zu gleich organisiert sind, gibt es eine Grundlage für Solidarität im gemeinsamen Interesse der etwa 170 Mitglieder, ihre Souveränität und ihre Grenzen gegenseitig zu respektieren.

Wird, wie beim irakischen Überfall auf Kuwait, die Souveränität eines Mitgliedstaates durch einen anderen verletzt, dann sind die übrigen Staaten aufgerufen, dem geschädigten Mitglied solidarisch beizustehen – so wie sie es auch umgekehrt von ihm erwarten würden. In dem Maße, in dem diese Solidarisierung Platz greift und zu wirkungsvollen Sanktionen gegenüber dem Rechtsbrecher führt, wächst die Welt der Staaten zu einem Weltstaat zusammen. Es ist nicht schwer, die Widerstände zu benennen, die dem entgegenstehen.

Erstens: selbst wenn die UNO mit der großen Mehrheit ihrer Mitglieder eine Rechtsverletzung feststellt und eine Wiederherstellung des ursprünglichen Zustands fordert, gibt es doch in der Regel eine Reihe von Staaten, die dem Gemaßregelten durch Interessenlage, moralische Verpflichtung oder kulturelle Ähnlichkeit so nahe stehen, daß sie nicht gegen ihn vorgehen. So lassen sich die UNO Resolutionen in bezug auf die von Israel besetzten Gebiete nicht durchsetzen, weil die westlichen Industriemächte, obwohl sie die Besatzungspolitik des Staates Israel mißbilligen, doch mit Blick auf dessen Gesamtsituation mit ihm solidarisch sind. Es steht also hier die abstraktere Solidarität auf Grund des universalistischen Völkerrechts, die in diesem Falle dem palästinensischen Volk zugute kommen müßte, gegen konkrete moralische und Interessen-Verbundenheit mit Israel. Wie gewöhnlich schlägt auch hier die partikularistische Solidarität die universalistische aus dem Feld.

Zweitens: In anderen Fällen gelingt es gar nicht, eine eindeutige und einseitige Verletzung des Völkerrechts und damit einen Sünder als Außenseiter in der Staatenwelt dingfest zu machen. Sei es, daß die Rechtspositionen unklar sind, sei es, daß im Kampf zwischen zwei Völkern die eine Seite als Inhaber des staatlichen Gewaltmonopols und Hüter der Staatsgrenzen auftreten kann, während die andere als Teil des Gesamtstaates noch gar kein eigenes Subjekt des Völkerrechts ist. Rechtsformal gesehen verdient deshalb der Kampf der Kurden und Kroaten um Autonomie und staatliche Eigenständigkeit gar nicht die Solidarität der staatlich organisierten Völker, mag sie vom Rechtsgefühl her noch so sehr geboten sein. Die Rechtspositionen des Völkerrechts als Staatenrecht liegen im Konflikt mit einem lebendigen, auf Veränderung drängenden Selbstbestimmungsrecht von gleichsam naturrechtlichem Charakter.

Der Konflikt zwischen dem Völkerrecht als Staatenrecht und dem Selbstbestimmungsrecht der Völker führt, wie sich am Beispiel Jugoslawiens zeigt, zu einem höchst brisanten Widerstreit der Solidaritäten: mit der staatlichen Zentralgewalt einerseits, den Teilrepubliken andererseits. Die Auseinandersetzung wird von kollektiven Gefühlen, Sympathien und Antipathien für die kämpfenden Parteien getragen. Sie kommen nicht so sehr durch Rechtspositionen zustande, sondern gründen in viel tiefer gelagerten Übereinstimmungen und Befremdungen, Billigungen und Mißbilligungen zwischen den zur Solidarität aufgerufenen Dritten und der einen oder anderen der kämpfenden Parteien. Mit anderen Worten: neben gemeinsamen Werthaltungen, die sich in Rechtspositionen ausdrücken lassen, kommen alle die anderen früher benannten solidaritätsstiftenden Faktoren ins Spiel. Im Krieg der Kroaten gegen die Serben neigen die Deutschen durch Religion, geographische Lage, in Dalmatien verlebte Ferien, aber auch durch die Geschichte der K. u. K. Monarchie und das finstere Kapitel einer 50 Jahre zurückliegenden gemeinsamen Anfälligkeit für den Faschismus, nicht zuletzt durch Mitleid mit den Schwächeren zur Solidarität mit den Kroaten.

Daß diese Solidarität nur eine schwache bleibt, hat viele Gründe: Befaßtsein mit eigenen Dingen; eine Ahnung von der Komplexität der Verhältnisse auf dem Balkan; Unsicherheit, wie zu helfen sei; prinzipielle Ablehnung von Waffenlieferungen in Krisengebiete; Undenkbarkeit einer deutschen militärischen Intervention; Meinungsverschiedenheiten mit den westlichen Verbündeten, die der kroatischen Sache ferner stehen; und schließlich eben: den Widerspruch zwischen dem Selbstbestimmungsrecht der Kroaten auf Sezession und einer völkerrechtlichen Position zugunsten des bestehenden Staates Jugoslawien.

Stehen Rechtsstandpunkt und Solidaritätsgefühle in Widerspruch zueinander, dann ist leicht vorauszusagen, was sich als stärker erweisen wird: es sind die tiefer, wenn auch unbestimmt verwurzelten kollektiven Gefühle, die sich durchsetzen; sie üben einen Änderungsdruck auf die Rechtspositionen aus, um Solidarität von den Fesseln des Widerspruchs zu befreien. Dazu bieten sich zwei Wege an: Entweder die völkerrechtliche Anerkennung der nach Unabhängigkeit strebenden Staatenteile als souveräne Staaten. Oder die Konstitution eines Rechts für Minderheiten oder Regionen innerhalb eines Staates, sich gegen Unterdrückung durch die zentrale Staatsgewalt aufzulehnen – bis hin zum Ausscheiden aus dem bisherigen Staatsverbund.

Der erste Weg, den die europäischen Staaten, wenn auch zögernd, in bezug auf Slowenien und Kroatien beschritten, erschafft, sozusagen durch politische Zellteilung, neue Subjekte des Völkerrechts – und läßt dieses selbst unangetastet. Solidarität mit den neu geschaffenen Staaten steht, nach deren Anerkennung, nicht mehr in Gegensatz zu, sondern im Einklang mit dem Souveränitätsprinzip des Völkerrechts. Einem souveränen Kroatien kann, ja muß man gegen die jugoslawische Volksarmee beispringen, die durch den Akt der Anerkennung kroatischer Unabhängigkeit automatisch zu einem Aggressor wird; vor der anerkannten Unabhängigkeit dagegen wäre die Unterstützung Kroatiens einer Einmischung in die inneren Angelegenheiten Jugoslawiens gleichgekommen.

Auf die rechtliche Legitimation einer solchen Einmischung dagegen zielt der zweite Weg ab. Er führt in völkerrechtliches Neuland, ja setzt sich in Widerspruch zu dem »geheiligten Recht auf Nichteinmischung«[53], das die UN-Charta in Artikel 2,7 schützt. Der Generalsekretär der Vereinten Nationen selbst schlug angesichts des Krieges in Jugoslawien ein Tribunal vor, das über die Rechtmäßigkeit von »Einmischungen« der Weltgemeinschaft in innerstaatliche Konflikte aus humanitären Gründen befinden solle. Dies wäre eine rechtlich neue Grundlage für den Einsatz internationaler Truppen (in Kroatien), für die es allerdings in der Hilfe für die Kurden nach dem Ende des Golfkriegs ein noch ganz frisches Vorbild gibt.

Es war die Aufbruchsstimmung des Golfkriegs, durch die sich der Sicherheitsrat der Vereinten Nationen in diesem Punkt zu einer Innovation hinreißen ließ: In seiner Resolution 688 vom 5. April 1991 forderte er den Irak auf, die Unterdrückung der »irakischen Zivilbevölkerung« sofort zu beenden. Er zog damit Verantwortung für die inneren Zustände des Irak an sich. »Das war ein großer Schritt nach vorn, über die traditionellen Vorstellungen von der Staatenwelt hinaus zu einem Weltverständnis, in dem auch die Herrschaftssysteme und die Innenpolitik der Staaten von Interesse für die Vereinten Nationen und die von ihr repräsentierten Staatengemeinschaft sind.«[54]

Man kann den Fortschritt in den internationalen Beziehungen, der hier eingeläutet wird, auch so benennen: Der Solidarität mit unterdrückten Minderheiten wird eine Grundlage gegeben, die zwar noch nicht völkerrechtlich verankert ist, aber das bisher geltende Völkerrecht, welches eigentlich ein Staatenrecht ist, durch Elemente der

Menschenrechte, der Minderheitenrechte und der Rechte der staatlich unterdrückten Völker modifiziert.
Fortentwicklung des Völkerrechts in die einzelnen Staaten hinein ist auf Anhieb begrüßenswert – die Fallstricke dürfen aber nicht übersehen werden. Die Universalisierung von Rechten bleibt ein Papiertiger, sofern den Rechten nicht auch durch Sanktionen Geltung verschafft werden kann. Die – letztlich militärische – Sanktionsmacht der UNO ist aber im Vergleich zu dem Gewaltaufgebot jedes auch nur mittleren Staates gleich Null. Sollen Rechtsverletzungen international geahndet werden, ist die UNO also, wie im Golfkrieg, auf die militärischen Dienste von großen Mächten oder Allianzen angewiesen. Diese Sanktionsfunktionen eines heraufdämmernden Weltstaats werden in der gegenwärtigen Situation nur von den USA und einem Teil ihrer Verbündeten übernommen – und auch dann nur, wenn es den Interessen und Möglichkeiten der Vereinigten Staaten entspricht. Dies war der Fall im Golfkrieg, aber nicht im jugoslawischen Krieg.
Die militärische Solidarallianz zugunsten Kuwaits und gegen den Irak konnte nur deshalb zustande kommen und erfolgreich operieren, weil die Amerikaner als die Führer der Allianz die Kriegsziele niedrig hängten, sozusagen den kleinsten gemeinsamen Nenner suchten: Es ging gerade nicht – wie noch im Vietnamkrieg und im Zweiten Weltkrieg – um den Sturz eines diktatorischen Regimes oder die Verteidigung der Demokratie, sondern ganz bescheiden nur um die konventionelle Essenz des Völkerrechts: die Bewahrung von Staatsgrenzen und staatlicher Souveränität, auch eines nicht-demokratischen Staates, gegen einen Aggressor.
Wird diese Bescheidenheit zugunsten eines Eingriffs in die inneren Angelegenheiten des Außenseiter-Staates aufgegeben, dann ist es um die Solidarität der übrigen Staaten geschehen: Sie haben, jeder für sich, zu viele Leichen – unterdrückte eigene Minderheiten, verletzte Menschenrechte, scheindemokratische Verfahren – im Keller, als daß sie zum Großreinemachen blasen dürften. In der Weltgesellschaft heute ist, über kulturelle Grenzen hinweg, die Solidarität der Vielen nur in wenigen Fällen herzustellen, oder sie bleibt in den Floskeln des Unverbindlichen stecken.
Der Golfkrieg war, so gesehen, horribile dictu, ein Glücksfall auf dem steinigen Weg zu internationaler Solidarität. Er stiftete eine Allianz zwischen kulturell sehr unähnlichen Staaten mit nur sehr einge-

schränkter gemeinsamer Wert- und Interessenlage. Entscheidend für das Zustandekommen dieser unwahrscheinlichen Solidarität war das Vorpreschen der USA mit einer beispielhaften Risikobereitschaft, die kluge Beschränkung des Solidarziels und die Möglichkeit, einen gemeinsamen Gegner als Außenseiter der Weltgesellschaft zu stilisieren.

Im Krieg der Slowenen und Kroaten gegen die serbische Vormacht waren diese Bedingungen nicht gegeben. Zwar geriet Serbien zusehends in die Rolle eines gewaltsamen Außenseiters – aber doch von einer anderen Ausgangslage her. Ursprünglich kämpfte Serbien nicht als Angreifer, sondern als Bewahrer eines staatsrechtlichen status quo. Erst in dem Maße, in dem der Krieg selbst die Unannehmbarkeit dieses status quo für die Slowenen und Kroaten verdeutlichte, konnte Serbien in die Rolle des illegitimen Aggressors hineinwachsen. Aber auch dies, trotz aller Grausamkeiten, nie mit der Eindeutigkeit, die der irakischen Aggression eigen war. Denn immer auch konnte die serbische Armee den Schutz serbischer Minderheiten in Kroatien als Kampfziel für sich in Anspruch nehmen. Die vielfach geforderte Solidarität der Weltgesellschaft mit Kroatien und gegen Serbien hatte es also mit einer ungleich verwickelteren Interessen- und Wertlage zu tun.

Hier werden die Grenzen sichtbar, die tätiger Solidarität bei der Lösung internationaler Probleme gezogen sind: Diese Probleme sind in der Regel so verwickelt, daß eindeutige Parteinahme für die eine oder andere Seite schwer fällt. Haben ein Staat oder eine Staatengruppe sich aber zu einer solchen solidarischen Haltung durchgerungen, dann bekommen sie es mit den Folgeproblemen der Solidarität zu tun: Eine wirklich »starke« und konsequente Solidarisierung mit allen wirtschaftlichen und militärischen Mitteln führt zu hohen Kosten und Widerständen, in der eigenen Bevölkerung ebenso wie bei befreundeten und erst recht bei gegnerischen Staaten; bis zu diesem Punkt würde die deutsche Solidarität mit Slowenien und Kroatien deshalb, wie von vornherein klar war, nicht gehen. Eine »schwache«, bloß deklaratorische Solidarität dagegen kommt leicht in den Geruch der Halbherzigkeit und kann sowohl Enttäuschungen bei den Begünstigten wie auch Aversionen bei den Gegnern hervorrufen.

Ob starke oder schwache Solidarität mit einer Gesellschaft, die sich, wie die kroatische, im Konflikt oder gar im Krieg befindet: Die Spender-Gesellschaft kommt mit ihren neuen Solidaritätshandlungen nie aus einem luftleeren Raum, sondern immer aus schon vorhandenen, anderweitigen Solidaritätsbindungen. Zu diesen kann die neue Solidarität in Konflikt geraten. Die deutsche und österreichische Solidarität mit Slowenien und Kroatien, die sich deutlich von der der europäischen Verbündeten abhebt, nährt bei diesen den Verdacht, hier gehe es um neue Macht- und Gefolgschaftskonstruktionen für einen von Deutschland dominierten mitteleuropäischen und nach Südosten erweiterten Raum. Solche Vermutungen über machtpolitische Implikationen von Solidarität werden noch bestärkt durch – von Serbien beschworene – Erinnerungen an eine deutsch-italienisch-kroatische Allianz aus finsterer faschistischer Zeit. Mögen zeitgenössische Politiker sich von solchen Altlasten der Solidarität auch völlig frei wissen und entsprechende Unterstellungen als abwegig zurückweisen: Im kollektiven Gedächtnis, besonders der betroffenen kleineren Völker, leben alte Solidaritäten, wie uns scheinen mag, oft gespenstisch fort und werden damit zu einem Datum für die Gegenwartspolitik.

Solidarität mit Slowenien und Kroatien, sofern sie von der Bundesrepublik allein kommt, kann also zu einer Belastungsprobe für die neuerlich aufgebauten und etablierten europäischen Solidaritätsbindungen Deutschlands werden und in dieser Hinsicht kontraproduktiv sein. Im Zeichen europäischer Einigung und internationaler Bündnisse kann ein Staat Solidarität nicht mehr ohne weiteres im Alleingang üben, sondern nur noch mit Rücksicht auf Bündnispartner und eingebunden in vorhandene Solidaritätsnetze, die nicht leichtfertig zerrissen werden dürfen. Im Verbund mit anderen Gesellschaften geübt, wird Solidarität zu einem mächtigeren, wenn auch schwerer herstellbaren und unbeweglicheren, also national nicht mehr frei verfügbaren Mittel politischer Einflußnahme. Je weiter gespannt und umfassender, also je wirksamer sie politisch wird, desto schwieriger ist sie zu mobilisieren. Mit dem Verlust von Souveränität an supranationale Institutionen wird auch die Souveränität über kollektive Solidarität geschmälert. Pointiert gesagt: Solidaritätszuwachs nötigt zu Solidaritätsverzichten. Trotzdem bleiben gerade die in ihrer Koordinationsautomatik immer schwerfälliger werdenden internationalen Organisationen darauf angewiesen, daß einzelne Mitgliedsstaaten sich von Fall zu Fall auch aus dem Konvoi hervorwagen und den Mut aufbringen, sich mit Dritten solidarisch zu erklären, selbst wenn dies zu

Spannungen in den etablierten Staatsgemeinschaften führt. Im Spannungsverhältnis solcher spontanen Solidaritäten einerseits und den bereits vertraglich routinierten Solidaritäten der supranationalen Organisationen andererseits vollzieht sich die weltweite Vergesellschaftung heute.

Das größte Kapital auf dem Weg zu einem Weltstaat sind die Solidaritätskerne, die die assoziierten Industriestaaten auf Grund von Interessenverflechtungen und gemeinsamen Wertüberzeugungen geschaffen haben. Diese Assoziationen erlangen dank ihrer wirtschaftlichen Stärke und der Entfaltungschancen, die sie den Einzelnen verheißen, eine Attraktivität, die bis in die entlegensten Kulturen der Erde reicht. Jede möchte dazugehören, die Offenheit der offenen Gesellschaften für sich nutzen oder selbst zu einer offenen Gesellschaft werden. Die offenen Gesellschaften ihrerseits enthalten auf Grund ihres universalistischen Wertsystems – Menschenrechte, Gewaltlosigkeit, Freiheit, Brüderlichkeit, Gerechtigkeit, Brüderlichkeit *für alle* – eine Selbstverpflichtung zu weltweiter Solidarität. Darin steckt eine heillose Überforderung – Grund genug für die Entrechteten und Unterdrückten dieser Erde, immer wieder auf Fälle versagter Solidarität hinzuweisen. Solidarität, die nur selektiv wirksam werden kann und vorwiegend dort einspringt, wo es auch die Interessen der dominanten Industriegesellschaften gebieten, enthält in der Tat ein Element der Ungerechtigkeit. Auf der anderen Seite addieren sich die Fälle des Eintretens für die Menschenrechte – in Südafrika, am Golf, zugunsten der Kurden und Palästinenser – schließlich doch zu einem breiteren Strom, dem sich einzelne Staaten nur noch zeitweise entgegenstemmen können.

Von einem Weltstaat, der jede bedeutsame Rechtsverletzung mit den geeigneten Sanktionen ahnden oder gar verhindern könnte, sind wir weit entfernt. Auch mit der kollektiven Solidarität der meisten Staaten der Welt kann man nur in Ausnahmefällen rechnen. Um so wichtiger bleibt es, in jedem einzelnen Fall von Menschenrechtsverletzungen soviel Solidarität zu mobilisieren, wie gerade möglich ist. Solidarität kritisieren oder gar verweigern zu wollen, weil sie nicht allgegenwärtig und allumfassend ist, zeugt von einer destruktiven Haltung, wenn nicht von einer kaschierten Mißachtung der Menschenrechte, denen man offiziell Lippenkenntnisse zollt. Jede Solidarisierung gegen eine Menschenrechtsverletzung, sei sie noch so schwach und unvollkommen, hilft nicht nur dem unmittelbar Geschädigten, sondern trägt auch zum mühsamen und langwierigen Bau eines weltweiten Norm- und Sanktionssystems bei. Solidarisierungen sind nicht nur Lückenbüßer, sondern auch Wegbereiter und Vorstufen internationaler Organisation.

Solidarität und internationale Ungleichheit

Kann Solidarität dazu beitragen, die gewaltigen Unterschiede des Wohlstands und der Lebenschancen, die für die heutige Welt charakteristisch sind, einzuebnen? Weist sie einen Ausweg aus dem Dilemma, daß die von den Industriegesellschaften verursachten Umweltschäden und ökologischen Ungleichgewichte sich noch vergrößern werden, wenn traditionale Gesellschaften nun ihrerseits über Industrialisierung ein Wohlstandsniveau anstreben, das dem der Industriegesellschaften vergleichbar ist? Und kann sie weiterhelfen, wenn diese Probleme, bisher vorwiegend im Verhältnis der Ersten zur Dritten Welt thematisiert, sich nun im West-Ost-Verhältnis gleichsam verdoppeln?
Die in Verbindung mit der Entwicklungshilfe immer wieder geäußerte Erwartung, das Problem werde sich durch großflächige Umverteilung des Reichtums und Hilfestellung der Industriestaaten bei den Selbsthilfeanstrengungen der zurückgebliebenen Gesellschaften lösen oder zumindest erleichtern, hat sich als trügerisch erwiesen. Zwischen den reichen und den armen Ländern sind die Ungleichheiten der wirtschaftlichen Wohlfahrt, der politischen und sozialen Sicherheit und der Gesundheit noch größer geworden. Dort aber, wo ehemals wenig entwickelte Gesellschaften zum Wettlauf mit den Industrieländern angetreten sind und dabei tatsächlich bestehen, haben sie den Sprung in eine sich selbst vorantreibende Industriegesellschaft nicht durch fremde Hilfe oder Solidarität von außen, sondern aus eigener Kraft geschafft. Dies gilt insbesondere für die ostasiatischen »Tiger«.
Paradoxerweise kann man für die elende Lage der armen Länder die Industrieländer verantwortlich machen, weil sie zu wenig *und* weil sie zu viel Entwicklungshilfe geben. Zu viel, weil Entwicklungshilfe vorwiegend den Geberländern selbst zugute kommt und, wie später zu zeigen sein wird, Selbsthilfekräfte eher lähmen als anspornen kann.

Zu wenig, weil die offiziell ausgewiesene Entwicklungshilfe lächerlich gering ist, sofern man sie zum Bruttosozialprodukt der Geberländer ins Verhältnis setzt: Nur für die kleinen Länder Nordeuropas – Schweden, Dänemark, Norwegen, Niederlande – erreicht sie knapp die 1%-Marke, für die USA erreicht sie ganze 0,15%, in der Bundesrepublik stagniert sie seit 25 Jahren um 0,4%. Japan ist das einzige Industrieland, das auf eine Steigerung seiner Hilfsleistungen hinweisen kann, die aber mit 0,32% des japanischen Sozialprodukts vergleichsweise noch zu den niedrigsten zählen.

Warum leisten die Industriestaaten so wenig öffentliche Entwicklungshilfe? Eine in politischen Kreisen gängige Antwort verweist auf die geringe Popularität der Entwicklungshilfe in der Bevölkerung. Den Politikern seien damit sozusagen demokratisch die Hände gebunden, mehr zu tun. Die Umfrageergebnisse widersprechen dieser Meinung eher, als daß sie sie bestätigen. Knapp drei Viertel der Bevölkerung der (alten) Bundesrepublik, mit steigender Tendenz, steht positiv zur Entwicklungshilfe allgemein. Diese Zahl sinkt allerdings auf weniger als 50%, wenn nach der Einstellung zur Entwicklungshilfe der Bundesregierung gefragt wird; dies weist darauf hin, daß die Wirksamkeit der regierungsamtlichen Hilfe eher skeptisch beurteilt wird. Ansonsten zeigt sich in einer vergleichenden Studie der europäischen Länder, von der EG-Kommission in Auftrag gegeben, ein eher noch günstigeres Bild: im Jahre 1987 befürworten 9 von 10 Europäern Entwicklungshilfe, und auch in der Bundesrepublik gibt sich nur jeder 10. Befragte als Gegner aus.[55]

Entwicklungshilfe wird, wie die Studie zeigt, weniger aus wirtschaftlichem Eigennutz als aus karitativen Überlegungen befürwortet. Sie kann kaum als Ausdruck von Solidarität im strengen Sinne des Wortes verstanden werden; Solidarität setzt ja ein Gefühl der gleichen sozialen Lage oder zumindest gleichgerichteter Interessen von Empfängern und Gebern voraus. Dieses ist aber bei der Entwicklungshilfe ebenso schwer auszumachen wie das Element einer prinzipiellen Gegenseitigkeit der Hilfsbeziehung, also die Erwartung, daß die Empfängerländer bei der nächsten Gelegenheit ihrerseits die Gebenden sein würden. Als mildtätige und einseitige Leistung wird Entwicklungshilfe zwar von fast jedermann gutgeheißen; diese Befürwortung scheint jedoch mit der Vorstellung einherzugehen, daß kollektive Hilfe nicht zu weit gehen dürfe.

Wenn im kollektiven Bewußtsein also zwischen Entwicklungshilfe und Solidarität unterschieden wird, unter welchen Bedingungen lassen sich dann zusätzlich zu den karitativen Motiven noch Solidaritätsgefühle mobilisieren? Um die Frage zu beantworten, mag es nützlich sein, sich der früher erarbeiteten solidaritätsstiftenden Faktoren zu entsinnen. Solidarität der Industriegesellschaft mit Ländern der Dritten Welt ist insbesondere dann zu erwarten, wenn letztere die Werthaltungen der ersteren teilen, deren Interessen durch entsprechende Gegenleistungen dienlich sein können oder als Verbündete gegen gemeinsame Bedrohungen von außen erscheinen. Sobald gemeinsame Werthaltungen und Interessenlagen erkennbar werden, schnellt die Bereitschaft zu helfen nach oben; in anderen Worten: der karitativen Hilfe wächst eine auf Solidargefühlen beruhende Hilfsbereitschaft zu: 1985 stimmten in Deutschland 47% der Befragten der Aussage zu, die Vergabe von Entwicklungshilfe solle vom Beitrag des Empfängerlandes zu Frieden und Stabilität in der jeweiligen Region abhängig gemacht werden; 1987 stieg dieser Anteil auf 60%.[56]

Mit welcher Art nicht einklagbarer, sondern freiwillig gewährter Gegenleistung können sich die armen Länder gegenüber den reichen erkenntlich, also ihrerseits solidarisch zeigen? Erstens: mit politischer Loyalität; im Streit untereinander legten kapitalistische und sozialistische Geberländer Wert auf Gefolgschaft von Dritten, auch wenn diese sich in symbolischen Akten erschöpfte. Diese Solidaritätsquelle ist allerdings drastisch entwertet worden, seit der Konkurrenzkampf der beiden Supermächte und ihrer jeweiligen Blocksysteme in sich zusammengebrochen ist.

Eine andere Art von Gegenleistung liegt in der Kooperation angesichts von Gefahren, an deren Bekämpfung die Industrieländer ein weitaus größeres Interesse haben als die ökonomisch noch wenig entwickelten Gesellschaften. Zu nennen sind hier in erster Linie ökologische Schäden, aber auch Drogenhandel und Bedrohung durch nachrückende kleine Nuklearmächte. In allen Fällen könnte man argumentieren, daß das Interesse der Länder der Dritten Welt an der Bekämpfung dieser Gefahren zumindest ebenso ausgeprägt sein müßte wie in hochindustrialisierten Gesellschaften. Ja, objektiv gesehen, sind die Bedrohungen für die wenig entwickelten Länder größer, weil diese über ein weniger ausgefeiltes Problemlösungspotential verfügen. In den betroffenen Ländern werden die Dinge aber so nicht

gesehen. Umweltschäden, Kriegsgefahren, gesundheitliche Beeinträchtigungen, erst recht wenn dies alles sich erst auf längere Sicht zusammenbraut, treten zurück hinter der aktuellen Misere des Hungers, der Abhängigkeit, des tagtäglichen Lebenskampfes.
Die Berufung auf gemeinsame Interessen von reichen und armen Ländern ist eine abstrakte Konstruktion. Die Interessen eines Hungernden und eines Satten sind nicht die gleichen. Die Interessen eines Landes, dessen arme Bauern und gerissene Händler am Anbau von Drogenpflanzen verdienen, und eines Landes, das große Teile seiner Arbeitslosen, aber auch seiner intellektuellen Jugend der Drogensucht und Beschaffungskriminalität verfallen sieht, lassen sich nur schwerlich auf einen Nenner bringen. Einige Entwicklungsländer haben hier einen Hebel in der Hand, um ihre wohlhabenden Nachbarn zu schädigen, ohne daß man ihnen böse Absicht unterstellen könnte. Die ökologischen Probleme führen unterschwellig zu besonders perversen Interessenkonstellationen: Entwicklungsländer können unausgesprochen damit drohen, sich wegen kurzfristiger ökonomischer Nutzenkalküle und Aufholbemühungen langfristig zu ruinieren, indem sie etwa ihre Wälder abholzen und so dem kollektiven Gut des weltweiten Klimasystems Schaden zufügen. »Die Dritte Welt unterstellt den hochentwickelten Industriestaaten Heuchelei bei den Appellen, gemeinsam die Zukunft des blauen Planeten zu retten... Beklagen die industrialisierten Staaten den Raubbau an den tropischen Regenwäldern, antworten die Entwicklungsländer mit dem Schlagwort: ›Schuldenerlaß gegen Natur‹. Die Erste Welt, so heißt es in vielen Hauptstädten der Dritten Welt, habe die eigenen Ressourcen bei der Entwicklung keineswegs geschont. Überall in den gemäßigten Breiten seien beispielsweise die Urwälder gerodet oder in forstwirtschaftlich genutzte Monokulturen umgewandelt worden. Die Entwicklungsländer könnten nicht ohne finanziellen Ausgleich auf die Nutzung ihrer Ressourcen verzichten.«[57]
Einen Schritt weiter geht die Vorstellung, die Industriestaaten hätten ihren Wohlstand durch die systematische Ausbeutung der Länder der Dritten Welt seit Beginn des europäischen Entdeckungszeitalters erworben. Die Entwicklung des Nordens ist demnach durch unterbewertete Leistungen der Länder des Südens subventioniert worden. Hinzu kommt, daß die Kosten des westlichen Wohlstands bis heute global auf die Umwelt – und damit auch auf die Umwelt der am Wohl-

stand noch nicht teilhabenden traditionalen Gesellschaften – abgewälzt werden; damit nicht genug, gibt es noch einen spezifischen Export von gefährlichem Schadstoffmüll aus den reichen in die armen Länder. Die wenig entwickelten Länder können also mit Hinweis auf zahlreiche »Vorleistungen«, die ihnen zum Teil abgepreßt wurden, Solidarität der Industriegesellschaften einfordern. Hier stoßen solche unangenehmen Überlegungen und Forderungen natürlich nicht auf offene Ohren – in den USA noch weniger als in Europa. Der schwarze Peter der Solidaritätsforderung wird vielmehr an die armen Gesellschaften zurückgegeben: sie sollten durch ökologisch vernünftiges Handeln ihre Wälder und Tiere schonen, keinen Raubbau treiben, »unsere Fehler in ihren Ländern nicht nochmal machen«, also ihre eigenen Interessen in unserem Sinne definieren und sich damit zugleich weltweit solidarisch zeigen. Für die Länder, die erst auf dem Wege der Industrialisierung sind, müssen solche Solidaritätsforderungen wie Hohn klingen. Sich danach zu richten würde bedeuten, auf die Wohlstands- und Entfaltungsmöglichkeiten zu verzichten, denen die Industriegesellschaften ihre Überlegenheit verdanken, während diese dabei sind, in schier unaufhaltsamer Eigendynamik Produktion und Umweltbelastungen weltweit zu steigern.

Die enorme Ungleichheit der Entwicklungsstadien und Lebensinteressen führt also in der nördlichen und südlichen Hemisphäre der Welt zu völlig unterschiedlichen, ja widersprüchlichen gegenseitigen Solidaritätsansinnen. Ob angesichts so großer Ungleichheit Solidarität überhaupt entstehen kann, ist fraglich. Auf alle Fälle ist den bisher im Schatten der Industrialisierung stehenden Ländern mit den ökologischen, Drogen- und Migrationsproblemen nun ein Drohpotential zugewachsen, vor dem das kollektive Bewußtsein in den Industriegesellschaften schaudert. In diesem Erschrecken mag die Einsicht in gegenseitige Abhängigkeiten wachsen und karitative Hilfsgesinnung sich in Solidarität verwandeln.

Allerdings das Weltgeschehen will es, daß gerade in diesem historischen Augenblick die Hoffnungen in eine aufkeimende Nord-Süd-Solidarität durch eine im großen Maß herausgeforderte West-Ost-Solidarität gedämpft werden. Das wirtschaftlich und politisch zusammenbrechende Ordnungsgefüge des Staatssozialismus erzeugt akute Notlagen, auf die besonders auch die deutsche Bevölkerung mit spontanen Hilfsaktionen reagiert. Anders als in den Beziehungen zu den armen Ländern des Südens ist Hilfe hier aber von Anfang an von genuiner Solidarität durchdrungen. Zum einen, weil uns die östlichen Nachbarn geographisch, geschichtlich und kulturell näher sind. Zum anderen, weil die Sowjetunion, wenn auch aus der Not geboren, gegenüber Deutschland in wenigen Jahren ganz unerwartbare, ja sensationelle Vorleistungen erbracht hat: Zustimmung zu einem vereinigten, in der NATO verbleibenden Deutschland, Rückzug der sowjetischen Truppen; Abrüstungsvereinbarungen; die Entmachtung der eigenen Repressionsapparate. Für die Deutschen löst das einen seit Jahrzehnten auf ihnen lastenden Druck und gibt ihnen politischen Spielraum auch gegenüber der westlichen Supermacht USA zurück. Ein kollektives Gefühl der Erleichterung und Dankbarkeit gegenüber den östlichen Nachbarn stellt sich wie von selbst ein und braucht nicht erst rational konstruiert werden. Auf mitleidiges Helfenwollen reduziert es sich nicht. Immer spielt auch die Einsicht mit, daß die Nachfolgestaaten der Sowjetunion nach wie vor über eine tödliche nukleare und konventionelle Streitmacht verfügen und daß die aus dem Osten kommenden ökologischen Risiken und ökonomischen Potentiale geradezu schicksalhaft auch das Leben im übrigen Europa bestimmen werden. Solidarität mit den Gesellschaften des Ostens ist also nicht nur auf Dankbarkeit, sondern auf elementare gemeinsame Interessen gestützt. In den tieferen Schichten kollektiver Erinnerungen verbindet die Völker Mittel- und Osteuropas darüber hinaus das durch Diktaturen und Krieg gemeinsam erlittene Leid.

Dankbarkeit, Interessen, Besorgnisse, Empathie: daraus setzen sich, angesichts der Misere im Osten, die Solidaritätsgefühle der Deutschen zusammen. Sie werden durch die nach Westen gerichteten Hoffnungen und Erwartungen der Menschen im Osten noch bestärkt, aber auch von neuen Ängsten durchsetzt: In den forcierten Anstrengungen der westeuropäischen Gesellschaften, gerade jetzt und unwiderruflich in der EG zu verschmelzen, schwingt auch die Befürchtung mit, ansonsten den Solidarisierungs- und Stabilisierungsaufgaben gegenüber den unruhig gewordenen osteuropäischen Gesellschaften nicht gewachsen zu sein. In engerer Geschlossenheit und mit größerem Gewicht kann man nicht nur der neuen Staatenvielfalt im Osten besser beispringen, es fällt auch leichter, überzogenen Unterstützungserwartungen entgegenzutreten.

Unweigerlich lenken die neuen Probleme in Osteuropa Interesse und Engagement der westlichen Gesellschaften von den Ländern Asiens, Afrikas und Südamerikas ab. Die Sorge der armen Staaten im Süden, daß sich dieses Umpolen von politischen Interessen auch in einer Umleitung von materiellen Hilfen niederschlägt, wird durch Äußerungen wie die des einflußreichen republikanischen US-Senators Bob Dole genährt; er plädierte für eine 5%ige Kürzung der Auslandshilfe an die »5 großen« Empfängerländer (Israel, Ägypten, Philippinen, Türkei und Pakistan) zugunsten der »neuen Demokratien und freien Marktwirtschaften« in Osteuropa. Dies war Anfang 1990. Der Vorschlag Doles erhellt das Problem, wirft aber auch ein schiefes Licht darauf. In den zwei Jahren, die bisher vergangen sind, läßt sich ein Rückzug der Industrieländer aus den Verpflichtungen gegenüber den Entwicklungsländern des Südens weder beobachten noch rechtfertigen. Die Hilfs- und Solidaritätsengagements sind längst eingespielt, mit allen Vor- und Nachteilen der Routinisierung, und lassen sich nicht so leicht aus der Bahn werfen. Das gilt gerade auch für die über lange Zeiträume relativ konstanten bzw. leicht ansteigenden Spendenaufkommen der nichtstaatlichen Hilfseinrichtungen wie Misereor, Brot für die Welt, Welthungerhilfe etc.

Selbst wenn es auf kurze Sicht hier und da eine Konkurrenz zwischen Nord-Süd-Solidarität und Ost-West-Solidarität gibt, so bewirkt doch die Öffnung der bisher relativ geschlossenen Gesellschaften des Ostens und ihre innere Liberalisierung auf lange Sicht einen Schub weltweiter Vergesellschaftung mit synergetischen Effekten nach allen Richtungen. Vergesellschaftung ist kein Nullsummenspiel, in dem ein feststehendes Quantum materieller und personeller Solidarität von hierhin nach dorthin umverteilt wird. Vielmehr schöpft sie selbst neue und vielgestaltige Sozialbeziehungen und setzt damit auch zusätzliche Kräfte der Solidarisierung frei. Die Nachteile, die die Entspannung und Intensivierung der West-Ost-Verhältnisse den Ländern der Südhalbkugel auf den ersten Blick zu bringen scheint, werden auf lange Sicht von mannigfachen Vorteilen überwogen: die Umschichtung von militärischer zu ökonomischer Hilfe, die Mobilisierung von Eigenressourcen und Strukturreformen in Entwicklungsländern, die Erschließung von neuen Märkten auch in Osteuropa gehören dazu.[58]

Die entscheidenden Probleme und Grenzen der Solidarität mit der Dritten Welt liegen also nicht in den neu aufkommenden Solidaritätsbeziehungen zwischen den westlichen und den vom Staatssozialismus fehlgeleiteten, trotzdem vergleichsweise fortgeschrittenen östlichen Industriegesellschaften. Sie ergeben sich vielmehr aus der enormen Ungleichheit zwischen Geber- und Empfängerländern im Hinblick auf deren Fähigkeiten, aus eigener Kraft Probleme zu lösen. Schuldzuweisungen für diese Ungleichheit sind müßig. Für die Lösung der Folgeprobleme helfen sie keinen Deut weiter. Es sind insbesondere drei Folgeprobleme, die Solidaritätsanstrengungen unter den gegebenen Bedingungen extremer Ungleichheit ins Leere laufen lassen können.

Erstens die *Zerstörung von Selbsthilfemechanismen*, die doch eigentlich gestärkt werden sollten. Ein Beispiel dafür ist die Lieferung von Getreide, das in notleidenden Gebieten kostenlos oder zu so niedrigen Preisen weiterverteilt wird, daß die ortsansässigen Bauern damit nicht konkurrieren können. Statt Produktionsanreize zu geben und Anstrengungen zur Selbstversorgung zu bestärken, werden die Märkte an Ort und Stelle außer Kraft gesetzt. Es zeigt sich, daß gutgemeinte Solidarität die Probleme, die sie lösen will, noch verschärft, weil sie einen anderen, letztlich effizienteren Problemlösungsmechanismus, nämlich die lokalen Märkte, buchstäblich auskonkurriert. Ganz im Gegensatz zur Losung »Hilfe durch Selbsthilfe« gibt es also einen Verdrängungswettbewerb zwischen Hilfe und Selbsthilfe. Er ist oft, in den verschiedensten Zusammenhängen, für materielle und technische ebenso wie für persönliche Leistungen, beschrieben worden, am schlichtesten und eindrucksvollsten im »Bericht von meiner letzten Dienstreise in Sachen Entwicklungshilfe« von Brigitte Erler. Sein Titel: »Tödliche Hilfe«.[59]

Das zweite Folgeproblem solidarischer Hilfe von außen liegt in der *Vergrößerung sozialer Ungleichheit* im Inneren der Empfängerländer. Häufig wird beklagt, daß Hilfeleistungen an traditionale Gesellschaften nicht dort ankommen, wo sie wirklich hinsollen, nämlich bei den wirklich Bedürftigen und bei den ursprünglichen Produzenten, den kleinen Bauern, Handwerkern, Kaufleuten. Sie werden statt dessen von städtischen Eliten, Großgrundbesitzern, einflußreichen Herrscherfamilien abgefangen oder versickern irgendwo. Nicht nur materielle Hilfe sondern auch andere Vergünstigungen kommen in den armen Ländern vorwiegend den Reichen und Einflußreichen zugute. Für Europäer riecht das nach Korruption.

Sie reagieren darauf oft mit der Forderung, in Gestalt von Experten und Beratern selbst darüber zu wachen, daß Hilfsleistungen und -lieferungen effizient in Entwicklungseffekte umgesetzt werden. Sie schaffen damit aber, vorausgesetzt es gelingt, nur ein drittes Problem: das der Zerstörung bestehender Sozialstrukturen, verbunden mit einer *nicht* als solche *deklarierten Okkupation*. Auch wenn nicht die Entmachtung der vorhandenen Eliten, sondern die Zusammenarbeit mit ihnen angestrebt wird, läßt sich ein solcher Okkupationseffekt nicht ganz vermeiden. Er folgt aus der Überlegenheit westlicher Berater, die unabweisbar entsteht, sofern *schnelle* Leistungssteigerungen nach westlichem Muster erzielt werden sollen, worum es ja auch den einheimischen Eliten in der Regel zu tun ist.

Keiner der drei Effekte: Störung von Märkten und anderen Formen der Selbsthilfe, Vergrößerung innergesellschaftlicher Ungleichheit und Dominanz durch fremde Helfer läßt sich ganz abstellen, wenn vorindustrielle Gesellschaften Entwicklung mit Hilfe von Solidarleistungen industrialisierter Gesellschaften anstreben. Unerwünschte Begleiterscheinungen von Solidarität zwischen Ungleichen übertreffen die der Solidarität zwischen Gleichen und einander Nahestehenden bei weitem. So bleibt es das Kunststück einer Entwicklungspolitik als Solidaritätspolitik, zwischen den nicht vermeidbaren, von ihr selbst geschaffenen Folgeproblemen eine Art Balance herzustellen. Hochgespannte Erwartungen an eine solche Balance werden allerdings immer enttäuscht. Entwicklung ist ein Prozeß, der auch unter günstigen Bedingungen unausweichlich Ungleichgewichte erzeugt. Der deutsch-amerikanische Sozialwissenschaftler Albert O. Hirschman hat aus dieser Not mit seiner »Theory of unbalanced growth« eine Tugend zu machen versucht.[60]

Sozialhistorisch hat Barrington Moore in einer großen vergleichenden Untersuchung gezeigt, daß wirtschaftliche und politische Entwicklung unabhängig von kapitalistischen, sozialistischen oder sonstigen Organisationsformen immer zu einer Verschärfung innergesellschaftlicher Ungleichheit geführt und den Armen mehr Opfer abgepreßt hat als den relativ wohlhabenden Gruppen, die sowohl Innovatoren als auch Nutznießer sind.[61] Man kann dem zwar heute gegenzusteuern versuchen. Die Vorstellung wohlmeinender westlicher Entwicklungshelfer allerdings, man könne an den Eliten der Empfängerländer quasi vorbei und direkt an die Armen herankommen, um so in einem

Zuge zugleich Entwicklung zu fördern und Ungleichheit abzubauen, dürfte zu den vielen Illusionen auf diesem weiten Feld gehören. Ohne einheimische Eliten mit ihren eigenen Interessen und Privilegien ist Entwicklung als ein sich selbst tragender Prozeß nicht denkbar. Solidarität, wenn sie denn als Instrument der Entwicklungspolitik eingesetzt werden soll, hat es um so schwerer, je mehr Stufen tatsächlicher Ungleichheit sie überwinden soll. Das Spezifische von Solidarität als einem sozialen Regelungsmechanismus beruht ja darauf, daß sie eine freiwillige Verbundenheit zwischen Leuten herstellt, die sich in ihrer Interessenlage und Werthaltung ähnlich sind. Eine Solidaritätsbeziehung stellt sich deshalb sehr viel selbstverständlicher zwischen einem nigerianischen und einem deutschen Staatsbeamten her, die das gleiche Fach, vielleicht sogar an der gleichen Universität studiert haben, als zwischen demselben deutschen Beamten und einem afrikanischen Bauern.

Die Einsicht in die Widersprüchlichkeiten und Probleme, in die jede Solidarisierungsbemühung läuft, die über große Unterschiede in der Interessenlage und im Lebenszuschnitt hinweg den Benachteiligten zu einer eigenständigen Entwicklung verhelfen will, führt leicht zu einer radikalen Schlußfolgerung: daß man den traditionellen und armen Gesellschaften am besten helfe, indem man ihnen nicht helfe und sie so auf ihre eigenen Kräfte und Verantwortungen verweise. Diese Radikalität verkennt allerdings, wie sehr die Weltgesellschaft, ob man es will oder nicht, bereits zu einem Interdependenzgeflecht geworden ist. Es ist den wirtschaftlich zurückgebliebenen Gesellschaften unmöglich, sich der Dominanz der Industriegesellschaften zu entziehen. Sie haben weder die Option einer unberührten Nischenexistenz, noch die, ganz aus eigener Kraft zu den Industriegesellschaften aufzuschließen. Daraus und aus der weltweiten Verflechtung der Probleme ergibt sich für letztere die Verantwortung, Solidarität zwischen Ungleichen in einer Vielzahl von Beziehungen und Gestaltungsmöglichkeiten zu üben – allen Schwierigkeiten zum Trotz. Was dazu nötig ist, kann nur zum Teil in Form von Geld, Technik und fachlichen Fähigkeiten geliefert werden. Gefordert ist vielmehr die Kompetenz, Interessenlagen, Wertvorstellungen, Zeitgefühl und Lernmöglichkeiten in traditionalen Gesellschaften zu verstehen und sich darauf einzustellen. Der Schweizer Entwicklungsforscher Fabricio Sabelli schildert, wie er ein Unterstützungsprojekt zugunsten von bäuerlichen

Dorfgemeinschaften im Savannengebiet Westafrikas zu begutachten hatte und im Gespräch mit einem Bauern abklären wollte, ob die Einführung des Pfluges sinnvoll sei. Zuerst wurden ihm die Argumente wiedergegeben, die sein Gegenüber von den weißen Entwicklungshelfern selbst übernommen hatte: höherer Ertrag, weniger mühsame Arbeit, Zeitgewinn beim Pflügen usw. In einer zweiten Gesprächsphase, nachdem auch über ganz andere Dinge geredet worden war und der Europäer selbst Bedenken zur Einführung der neuen Technologie geäußert hatte, änderte sich die Atmosphäre vollständig, der Austausch wurde zum echten Dialog, die Probleme erschienen immer nuancierter. Erst in einer dritten Phase kam es, wie Sabelli meint, zu einer wirklichen Forschungszusammenarbeit nicht nur über technische, sondern auch über ideologische und soziale Probleme, die mit dem Pflügen verbunden sind. Um dahin zu gelangen, hatte er mehrmals seiner tiefen Überzeugung Ausdruck verleihen müssen, daß die Bauern selbst – und nicht die Beamten der verschiedenen Entwicklungsorganisationen – die eigentlichen Experten seien.[62]

Sicherlich kann man nicht aus jedem Entwicklungshelfer einen Sozialforscher machen. Indessen setzt solidarisches Handeln unter Bedingungen der Ungleichheit das Bemühen voraus, die Lebensweise der anderen zu verstehen und zu respektieren und mögliche negative Folgen von gutgemeinten Veränderungen und Hilfestellungen mitzubedenken. Diese Haltung kann man lernen. Sie schützt vor verstiegenen Ziel- und Tempovorstellungen und kann Motivation zu solidarischem Handeln gegen Enttäuschungen stabilisieren. Vor allen Dingen schärft sie die Aufmerksamkeit für die Gegenleistungen, sei es auch »nur« in Form von Gastfreundschaft, die die Empfänger von Hilfeleistungen mit ihren – von uns aus gesehen – bescheidenen Mitteln erbringen *wollen*. Für sie ist es ein Gebot der Würde, einseitige Mildtätigkeit in Solidarität zu verwandeln und damit eine soziale Beziehung zu schaffen, in der Gegenseitigkeit und Ebenbürtigkeit, wo immer möglich, erkennbar werden.

Das Gefälle zwischen reichen und armen, vorpreschenden und zurückbleibenden Gesellschaften läßt sich durch diese Solidarität allerdings nicht ausgleichen. Keine Form von Hilfe, in welchem Ausmaß auch immer, wäre dazu in der Lage. Solidarität ist nicht die Lösung des Problems, sondern bloß eine Art, damit umzugehen: nicht aufzugeben, auch wenn das Ziel nicht erreicht wird.

Solidarität und Migration

Läßt sich der Ungleichheit von Entwicklungsprozessen und Entfaltungschancen in der Weltgesellschaft nicht durch kollektive Anstrengungen beikommen, dann versuchen es die Individuen auf ihre Weise. Ausgestattet oft nur mit dem Menschenrecht auf Freizügigkeit, das ihnen überdies an den meisten Staatsgrenzen streitig gemacht wird, wandern sie aus den armseligen in die prosperierenden Gesellschaften. Dafür gibt es, hinter allen bedrückenden Anlässen, einen tieferen, strukturellen Grund: es ist die sich fortzeugende Ungleichheit der Lebenschancen, die, bei gleichzeitiger Propagierung der Freiheitswerte, ein globales Nomadentum ohne Ende erzeugt.

Die Industriegesellschaften, nach wie vor mit ihrer eigenen Verfeinerung beschäftigt, haben sich in eine Lage manövriert, in der sie diese Probleme nur noch defensiv, als Leidende und Bedrängte erleben: sie versuchen sich, mit unschönen Gesten, ungeschickt und schlechten Gewissens, der Menschen zu erwehren, die als Gastarbeiter, Asylsuchende, Aus- und Übersiedler hier Entfaltungschancen suchen und ihr Glück machen wollen. Die Solidarität, die die Deutschen, wie andere Europäer, nicht aktiv nach draußen tragen, wird ihnen von den Quasi-Immigranten im Inneren bzw. an den deutschen Grenzen abverlangt.

Die Migration aus dem Süden und Osten kann als Ventil in einem Drucksystem mit doppeltem Gefälle aufgefaßt werden. Von der einen Seite wirkt der Druck bevölkerungsdynamischer, aber leistungsschwacher, von der anderen Seite die Anziehungskraft chancenreicher und leistungsdynamischer, aber reproduktiv erlahmender Gesellschaften. Je fester diese vor dem Druckgefälle die Augen schließen und sich abschotten wollen, desto konfliktträchtiger wird es.

Es gibt ein gemeinsames Interesse der Herkunfts- und der Aufnahmeländer, den Druck auszugleichen: nicht durch Dammbrüche, sondern durch Schleusen; nicht über Verschiebungen von Menschenmassen, sondern über die Hoffnungen und Chancen, die die Minderheiten der Grenzgänger hin und hertragen, über die Bindungen, die sie zwischen den Welten schaffen.

Aber lassen sich solche Bindungen als Solidaritätsbeziehungen oder zumindest über Toleranz als Vorform von Solidarität überhaupt herstellen? Erleben wir nicht in Deutschland eine Abwehrhaltung, ja

Feindseligkeit gegenüber den Fremden? Sind die Deutschen, wie auch die Bürger anderer Industriestaaten, nicht einfach überfordert, wenn sie zu uneingeschränkter Toleranz, zu uneigennütziger Solidarität mit den Fremden aufgerufen werden, die in ihr Land strömen? Ja und Nein. Toleranz und Solidarität gehören, ökonomisch gesprochen, nicht zu den freien, beliebig vermehrbaren Gütern. Sie sind von Bedingungen abhängig, wie wir sie im ersten Kapitel aufgezählt haben. Aber in dem Maße, in dem die Bedingungen wandelbar, ja politisch steuerbar sind, sind auch Toleranz und Solidarität machbar. Am Beispiel der Migration in die Bundesrepublik läßt sich, fast wie in einem kontrollierten Experiment, der Einfluß der solidaritätsbedingenden Faktoren studieren.

– Wie sehr *äußere Ähnlichkeit* und *Gemeinsamkeit* in religiösen und anderen *Werthaltungen* sich auswirken, zeigt sich daran, daß die Deutschen den verschiedenen Ausländernationalitäten sehr unterschiedliche Grade der Sympathie oder Antipathie entgegenbringen. Spanier, Griechen und Jugoslawen genießen vor Portugiesen und Italienern die größte Sympathie; Vietnamesen, Schwarz- und Nordafrikaner, Perser, Pakistani und Türken in dieser Reihenfolge die geringste.[63]

– Ob die Zuwanderer in *arbeitsteilige und kooperative* Prozesse einbezogen oder von ihnen ausgeschlossen werden, spielt eine entscheidende Rolle: Es zeigt sich heute atmosphärisch, und dieser Eindruck wird durch Umfragen im Zeitvergleich erhärtet, daß die Gastarbeiter, die man in den 70er und zu Beginn der 80er Jahre loswerden wollte, heute besser gelitten sind und auf erhebliche Solidarität rechnen können; ganz anders die Asylsuchenden, denen der Eintritt ins Arbeitsleben verwehrt wird.

– *Soziale Nähe* und Vertrautheit aufgrund langer Anwesenheit wirkt sogar stärker solidaritätsbildend als äußere Ähnlichkeit und nationale Zugehörigkeit. Die Partei der Republikaner, die ihr Aufflakkern bei den Wahlen zum Berliner Abgeordnetenhaus wesentlich einer Abwehrhaltung gegen Immigranten verdankt, entstand ja nicht als unmittelbare Reaktion auf den Zuzug von Türken, sondern von deutschstämmigen Aussiedlern. Ein Beispiel, das die Stärke das Faktors »Soziale Nähe« illustriert: Ein junger Mann aus der DDR, der nach der Öffnung der Grenze in einem Tiefbauunternehmen in der Bundesrepublik eine Stelle gefunden hat, will diese

wieder verlassen, weil die dort seit 10 oder 20 Jahren arbeitenden Marokkaner ihm vorgezogen würden.
- Toleranz und Solidarität hängen auch von der *Organisation des Zusammenlebens* von einheimischen Mehrheiten und zuziehenden Minderheiten ab. Die Unterbringung der Fremden in Heimen, Baracken, Schulen, wo sie zugleich geballt sichtbar und von der deutschen Bevölkerung segregiert sind, ist die beste Voraussetzung für die Bestärkung von Fremdheits- und Abwehrgefühlen; eine Unterbringung in kleineren Gruppen oder im Zusammenhang mit deutschen Familien würde dagegen Verbundenheit fördern.
- Je *größer* die *Zahl* und je kürzer die *Zeitspanne*, in der Zuwanderer auftauchen, desto mehr Gegengefühle rufen sie hervor, die das Aufkommen von Solidarität erschweren: die Angst vor Identitätsverlust der gewohnten sozialen Umfelder wie Stadtteile, Nachbarschaften, Schulen usw. ist dabei ebenso bedeutsam wie die Furcht, mit den Ausländern um knappe Wohnungen, Arbeitsplätze, Sozialleistungen konkurrieren zu müssen. Letztere betrifft besonders die sozial Schwachen, erstere auch diejenigen Deutschen, die sich in ihren sozio-ökonomischen Interessen nicht bedroht sehen.

Aus den angedeuteten Zusammenhängen ergeben sich die Ansatzpunkte für eine Politik, die solidarisches Handeln gegenüber Zuwanderern stärken will. Zugleich wird sichtbar, wie kontraproduktiv die gegenwärtige Politik in vieler Hinsicht ist.
- Sie stellt die Asylsuchenden vielfach als »Scheinasylanten« dar, die unter Vorspiegelung falscher Tatsachen, das Asylrecht mißbrauchend, ihren Vorteil suchen. Die Dinge lassen sich aber auch ganz anders darstellen, indem man Ähnlichkeiten und Gemeinsamkeiten zwischen Deutschen und Asylsuchenden herausstellt, selbst wenn diese kein Anrecht auf Asyl haben: Gerade die sogenannten Wirtschaftsflüchtlinge sind oft hoch leistungsmotivierte und bewegliche junge Leute, die ihre Chance suchen, also gerade die Eigenschaften aufweisen, die auch bei uns hoch geschätzt werden. Diejenigen, die als politisch Verfolgte tatsächlich ein Asylrecht haben, haben sich oft in ihren Ländern für *unsere* Werte, für Gerechtigkeit und Selbstbestimmung, geschlagen und schlagen lassen. Sie suchen in der westlichen Welt nicht nur Schutz, sondern stellvertretend einen Platz für die Hoffnungen derjenigen, die nicht kommen können.

Sie stellen in ihrer Person, über die von ihnen vertretenen gemeinsamen Werte, die Verbindung zwischen der ersten und der dritten Welt her.
- Eine Politik, die den Begriff Solidarität ernst nimmt, sucht alte und neue Wege, um die Zuwanderer, ob sie nun aus politischen oder ökonomischen Motiven kommen, sobald wie möglich in den Arbeitsprozeß einzugliedern. Heute verwehrt sie ihnen die Chance, sich nützlich zu machen und läßt sie als Schmarotzer erscheinen.
- Auch soziale Nähe läßt sich durch politisch-organisatorische Maßnahmen fördern. Während die bisherige Politik der Einrichtung isolierter Sammelunterkünfte soziale Distanz und Mißtrauen zwischen Deutschen und Zuwanderern geradezu provoziert, bleibt das Solidaritäts- und Integrationspotential deutscher Familien und kleiner Kommunen ungenutzt, ja wird nicht einmal getestet. Dabei gibt es Hinweise und Beispiele dafür, daß Integrationsprobleme viel wirkungsvoller nach dem Subsidiaritätsprinzip, also dadurch zu regeln sind, daß man Initiativen von deutschen Familien und Gemeinden ermutigt. Das Beispiel einer Gemeinde im Bayerischen, die dafür kämpft, daß sie »ihre« Afrikaner, denen sie auch Beschäftigungsmöglichkeiten eingeräumt hat, behalten darf, spricht Bände.[64]
- Einschneidende Möglichkeiten, Solidarität oder Antisolidarität zu begünstigen, bieten sich der Politik, indem sie Zuwanderer*zahlen* reguliert und *inszeniert*. Es geht hier nicht darum, die Gesamtzahl der Migranten bzw. Quasi-Immigranten zu begrenzen und auf größere Zeitspannen zu verteilen. Mindestens genauso wichtig ist es, die örtlichen und quartiersmäßigen Zusammenballungen zu entflechten und in den sozialrelevanten Umfeldern, also in Kommunen, Wohngebieten, Schulen immer nur eine kleine Zahl von Neuankömmlingen vorzusehen und bei der Gestaltung von deren Lebensumständen die Gemeinden und Familien mitwirken zu lassen. Im Gegensatz dazu hat man heute oft den Eindruck, daß die Zahl der Zuwanderer nicht nur in Massenmedien, sondern auch in der Organisation des Alltagslebens so in Szene gesetzt wird, daß Angst, Abwehr und Antisolidarität geradezu vorprogrammiert sind.

Eine Politik der internationalen Solidarität, die zur Regelung der Probleme der Ungleichheit zwischen den Industrienationen und der Dritten Welt beitragen will, muß im Inneren der Industriegesellschaften ansetzen und dort die Bedingungen für Toleranz und Solidarität gegenüber einwandernden Minderheiten stärken. Eine solche Politik beruht auf drei Pfeilern, die sorgsam zu konstruieren und miteinander zu verbinden sind: erstens muß sie die Zahl der Zuwanderer beschränken und räumlich und zeitlich so verteilen, daß der Angst vor einer identitätsbedrohenden Massenbewegung entgegengewirkt wird.

Zweitens und aus dem gleichen Grund ist es unklug, wenn sie sich explizit als Einwanderungspolitik geriert und bestimmte Zuwanderergruppen ausdrücklich anwirbt. Akzeptanz und Solidarität gegenüber Zuwanderern wird durch eine »Politik der unauffälligen Öffnung« und nicht durch den Paukenschlag eines Einwanderungsprogramms gefördert. Die Bundesregierung hat mit der Ermutigung der Aus- und Übersiedler gegen diese Einsicht verstoßen und prompt, nach anfänglichem gutem Willen der Bevölkerung, eine Entsolidarisierungswelle losgetreten, die sich dramatisch in den Umfragedaten niedergeschlagen hat.[65] Zugunsten einer gesetzlichen Regelung und Beschränkung der Einwanderung spricht allerdings, daß sie das Thema von vagen Vermutungen und kollektiven Ängsten vor einem unkontrollierten Zustrom entlastet.

Drittens gilt es aber, in einem langfristigen Diskurs, die guten Gründe darzustellen, die dafür sprechen, daß die Industriegesellschaften sich – trotz pragmatischer Einschränkungen – für Migranten öffnen und offen bleiben. Sie sind legitimatorisch zu einer »Politik der Interessenübereinstimmung zwischen Herkunfts- und Zuwandererländern« auszubauen. Die positiven Aspekte der Zuwanderung für die Industriegesellschaften: Stärkung ihrer reproduktiven Kräfte, Vorteile für die Systeme sozialer Sicherung, persönliche Bindungen zu den Herkunftsländern der Zuwanderer etc. sind in ihrer Bedeutung immer noch unterbelichtet.

Die Legitimation der Aufnahmebereitschaft sollte sich aber nicht in der Darstellung eines reinen Interessenkalküls erschöpfen. Es muß immer wieder deutlich gemacht werden, daß sie zu guter Letzt auf universalistischen Werten der Menschlichkeit, der Freizügigkeit und der Gewährung von Entfaltungschancen für diejenigen beruht, die solche Chancen suchen. Die Politik steht allerdings vor dem Dilemma, daß sie diese in einer Werthaltung begründete Solidarität nur praktizieren kann, solange nur ein kleiner Teil der Menschen, die sich moralisch alle gleichermaßen darauf berufen können, das Recht der Freizügigkeit auch tatsächlich in Anspruch nimmt. Hier liegen Grenzen der Solidarität, die offen eingestanden werden müssen. Es ist damit der Illusion entgegenzutreten, ein Staat könne jederzeit jedes Recht garantieren, gleichgültig, wie viele Menschen es in Anspruch nehmen; aber auch einer restriktiven Staatsräson, die die Rechte der einzelnen einem vorgefaßten Bild von einem ethnisch homogenen Staatsvolk unterordnen will.

Solidarität in der Politik der deutschen Vereinigung

Wie die internationale Solidarität soll auch die Solidarität der Deutschen mit den Deutschen, die gerade in den letzten Jahren gefordert war, auf das Problem ungleichen Wohlstands und ungleicher Entfaltungschancen antworten. Aber während das Problem sich im internationalen Maßstab auf unabsehbare Zeit erhalten, ja verschärfen wird, wird es sich in Deutschland im Zuge der Angleichung des Lebensstandards in Ost und West, also aller Voraussicht nach innerhalb eines Jahrzehnts, nahezu erledigen.

Auch im Hinblick auf das ureigene Problem nationaler Solidarität, die staatliche Einheit der Nation, kann Deutschland nun endlich zur Ruhe kommen. Zwar wird es auch in Zukunft, vermutlich sogar durch ökonomischen Nachdruck verstärkte, hoffentlich auch mit entsprechender politischer Sensibilität ausgestattete Appelle zur Solidarität mit deutschen Minderheiten in den osteuropäischen Staaten geben, um deren Wünsche nach kulturellen und materiellen Entfaltungsmöglichkeiten zu unterstützen; die Zeit für Heim-ins-Reich-Parolen und territoriale Ansprüche dürfte aber, soweit man das in der Politik überhaupt sagen kann, endgültig vorbei sein.

Für den deutschen Nationalismus könnte das Jahr 1990 den Abschluß von 200 Jahren Frustration und Aggression markieren. Seit dem Aufschwung des Nationalismus in der Amerikanischen und Französischen Revolution fehlte den Deutschen, anders als den anderen großen westlichen Nationen, der territoriale Legitimationsrahmen, in dem sie die neuen demokratischen Ideale der Freiheit, Gleichheit, Brüderlichkeit gegen die alten Fürstenherrschaften verwirklichen konnten. Denn Nationbildung und Demokratisierung sind historisch als Volksbewegungen eng verbunden. Bis 1870 konnten sich die Deutschen in ihren nationalstaatlichen und demokratischen Bestrebungen gleichermaßen depriviert fühlen. Auch das Bismarck-Reich als kleindeutsche Lösung befriedigte nicht alle nationalen Wünsche. Sie konnten, nach neuerlichen Versagungen im Gefolge der Niederlage von 1918 und der Schwächen der Weimarer Republik, von Hitler für seine Großmachtpläne instrumentalisiert werden. Nachdem diese in die Katastrophe geführt hatten, war der Nationalismus und damit auch der Ruf nach nationaler Solidarität, um einen völkischen deutschen Einheitsstaat zu schaffen, zutiefst diskreditert. Die ökonomisch, kulturell und politisch erfolgreiche Eingliederung der Bundesrepublik in die westliche Welt ließ den Wunsch nach einem deutschen Nationalstaat immer mehr verblassen: während anfangs die »Wiedervereinigung« noch ein großes poltisches Thema war, wurde es seit den 60er Jahren immer mehr zurückgedrängt. Dies spiegelt sich demoskopisch darin, daß sowohl das politische Ziel der Wiedervereinigung als auch die Erwartung seiner Verwirklichung immer schwächer wurden.[66]

Wie ein Überraschungscoup der Geschichte fiel die neue Einheit den Deutschen schließlich in den Schoß. Die Politiker aller Farben wurden von der Entwicklung genauso überrascht wie das Volk. Die Parole »Wir sind ein Volk« tauchte in den Leipziger Demonstrationen erst auf, als das aufständisch-befreierische »Wir sind das Volk« Wirkung zeigte – und auch damit vollzogen die Deutschen nur nach, was die Polen und Ungarn vorgemacht hatten: Sie füllten den Freiraum, der durch das Zurückweichen des großrussischen Imperialismus entstanden war.

Indessen gab es im westlichen Deutschland immer auch eine Solidarität mit den »Brüdern und Schwestern« in der »Zone«, später in der »DDR«, später in der DDR, zu guter Letzt in der nur noch auf Abruf existierenden DDR. Es handelte sich hierbei um eine Solidarität im nationalen Rahmen, aber ohne nationale Ziele und nationalistische Töne. Solidaritätsbekundungen praktischer Art – Geschenksendungen und Geschenkreisen – und symbolischer Art – Kerzen im Fenster – sollten über materielle Benachteiligungen hinweghelfen und auf versagte Freiheitsrechte hinweisen, weniger den Wunsch nach nationaler Einheit ausdrücken.

Auch die heute beschworene deutsch-deutsche Solidarität ist allenfalls eine verschämt nationale. Das Problem, auf das sie sich bezieht, ist der Wohlstandsausgleich. Die Fragen lauten: wie schnell soll er erfolgen, wie soll er vor sich gehen und auf wessen Kosten?

In den ersten Monaten nach Öffnung des Eisernen Vorhangs in Ungarn und der CSSR, später dann auch nach Öffnung der Mauer, begann die Ausgleichsbewegung als Abwanderung aus der DDR und Zuwanderung in die Bundesrepublik. Die Migration war in der Bundesrepublik nicht nur politisch hoch willkommen und wurde entsprechend materiell angereizt, machte sie doch den Verfallsprozeß des SED-Regimes offensichtlich und beschleunigte ihn, bis die DDR als politischer Widerpart völlig hinfällig geworden war. Auch die Bevölkerung der BRD zeigte ein hohes Maß an Genugtuung und praktischer Solidarität bei der Aufnahme und Eingliederung der Übersiedler. Allerdings verfiel diese Solidarität, als der Zustrom anhielt, dann rapide. Die Westdeutschen wollten nicht mehr einsehen, daß die Brüder und Schwestern jenseits der Elbe noch immer ihr Land verließen, obwohl die Diktatur gebrochen und die politischen Beweggründe weggefallen waren; der Wunsch nach materieller Besserstellung und ökonomischem Aufstieg, der doch als Triebkraft im westlichen Wertsystem seinen festen Platz hat, galt nicht mehr als ausreichend, um den Umzug von Ost nach West zu legitimieren. Die Westdeutschen fürchteten, wie bei Gastarbeitern und Asylsuchenden, eine Überlastung ihres sozialen Netzes, eine Überforderung der Gemeinden, der Schulen, des Wohnungsmarktes insbesondere für billige Wohnungen und des Arbeitsmarktes für weniger qualifizierte Tätigkeiten. Es war die anhaltend große Zahl der Übersiedler, die schlagartig deutlich machte, daß die deutsch-deutsche Solidarität auch Lasten und Opfer einschloß, zwar in keiner Weise für den gutverdienenden und gutsituierten Teil der Bevölkerung, wohl aber für diejenigen, die mit geringer Qualifikation einen Arbeitsplatz und mit niedrigem Einkommen eine erschwingliche Wohnung suchen. Die Solidarität mit den Leuten »von drüben« sah sich plötzlich in Konkurrenz mit der Solidarität mit den sozial Schwachen innerhalb der Bundesrepublik. Verkürzt gesagt: nationale Solidarität stand gegen sozialstaatliche. Die SPD, die diesen Konflikt thematisierte, konnte bei den Landtagswahlen in Nordrhein-Westfalen und Niedersachsen Stimmen gewinnen. Bundeskanzler Kohl konstatierte am Wahlabend, enttäuscht, »daß der Geist der Solidarität zurückgegangen ist«. Vielleicht sollte man sagen:

eine aus der Situation geborene gesamtdeutsche Solidarität wurde von den Dauerproblemen sozialstaatlicher Solidarität eingeholt.
Die nationale Solidarität der Deutschen hat jedoch nicht unter dem Konflikt mit der sozialstaatlichen zu leiden. Sie unterliegt weitergehenden Erosionsprozessen. Nachdem nationale Solidarität im Nationalsozialismus überstrapaziert und auf verbrecherische Weise in imperialistische und rassistische Bestrebungen umgeleitet worden war, wurde sie nach dem Krieg mit der Teilung Deutschlands gewaltsam zerrissen. Im westlichen Teil Deutschlands bildete sich seit den 60er Jahren, unter dem Eindruck der Erfolgsgeschichte der Bundesrepublik, nicht nur eine Identität der »Bundesbürger«, sondern zusehends auch eine europäische und eine weltbürgerliche Identität heraus. Entsprechende Prozesse gab es in der DDR nicht, weil die neu angebotenen bzw. oktroyierten Identitäten mit zu großen relativen Deprivationen, mit der Versagung von Freiheiten, Wohlstand und internationalem Ansehen verbunden waren. Insofern hat sich im Osten Deutschlands nicht nur ein handfestes Interesse an nationaler Solidarität, sondern auch ein tiefer wurzelnder ältlicher, nicht an republikanischen Werten orientierter Nationalismus erhalten.
In der ersten Phase des Vereinigungsprozesses stieß deutsch-deutsche Solidarität im Westen wegen der großen Zahl der Übersiedler, die die neugewonnene Freizügigkeit nutzten, an ihre Grenzen. In einer zweiten Phase, in der die Fragen der materiellen Unterstützung von West nach Ost das Übersiedlerproblem abgelöst hatten, zeigte sich ein erstaunliches Solidaritätspotential im Hinblick auf die finanziellen Kosten der Vereinigung. Umfragen im August 1990 ergaben, daß etwa 90% der DDR-Bevölkerung und über 70% der Bundesbürger für die Vereinigung Deutschlands waren. Zugleich vertraten 66% der Westdeutschen die Auffassung, daß die Bundesregierung die DDR finanziell stärker unterstützen sollte. 40% der Befragten wollten dafür auch höhere Steuern akzeptieren.[67]
Die hier zum Ausdruck kommenden Solidaritätspotentiale im Hinblick auf finanzielle Transferleistungen stehen in merkwürdigem Kontrast zu der Tatsache, daß sie sowohl von den Regierungsparteien wie auch von der Opposition zunächst überhaupt nicht, von der SPD erst später über die Forderung nach Steuererhöhungen zugunsten der DDR in Anspruch genommen wurden. Bis Ende August gab es einen erstaunlichen Gleichklang des Kanzlers und des oppositionellen

Kanzlerkandidaten in ihrer Scheu, die finanzielle Solidarität der Westdeutschen für die Wiedervereinigung in Anspruch zu nehmen. Während Kohl angesichts des Übersiedlerproblems noch um Solidarität geworben hatte, erklärten er und seine Minister später, die deutsche Einheit dürfe den Steuerzahler zusätzlich nichts kosten. Lafontaine wies im Gegensatz dazu auf die Kosten der Vereinigung hin, verband dies aber zunächst nicht mit einem Solidaritätsaufruf, sondern im Gegenteil mit der Forderung, den Prozeß zu verlangsamen. Erst später entsann er sich des positiven Wertes von Solidarität und münzte ihn in die politische Forderung nach Steuererhöhungen zugunsten der deutschen Vereinigung um. Am 24. August 1990 sagte er im Bundestag, an den Kanzler gewandt: »Wenn niemand auf etwas verzichten muß, dann ist die Voraussetzung für Solidarität entfallen, denn dann wäre Solidarität wohlfeil.«

Die Forderung nach Steuererhöhungen ist für die SPD der Ausweg aus einer Klemme zwischen zwei Solidaritäten, in die sie ohne eigenes Verschulden durch die deutsche Vereinigung zwangsläufig geraten ist: Traditionellerweise die Partei, die die Interessen der sozial Schwachen vertritt, muß sie erkennen, daß der Prozeß der Vereinigung am ehesten diese belastet, während die Gesellschaft insgesamt und die Tüchtigen und Dynamischen insbesondere davon profitieren. Je schneller sich die Vereinigung vollzieht und je mehr dabei dem freien Spiel der privaten Initiativen und der Märkte vertraut wird, desto mehr tut sich eine Kluft auf zwischen den Leistungstüchtigen, die sich schnell, flexibel und produktiv auf neue Situationen einstellen können, und den Leistungsschwachen, denen diese Anpassungsfähigkeiten fehlen. Dieser Trend zur Vergrößerung von Leistungsgleichheiten gilt für hüben, stärker noch für drüben. Die Forderung der SPD nach einer Verlangsamung und stärkeren politischen Steuerung des Einigungsprozesses entsprang, so gesehen, durchaus ihrem traditionellen Verständnis als Partei der sozial Schwächeren. Andererseits mußte sie sich mit dieser Forderung nolens volens in Widerspruch zu der breiten Strömung der Interessen und Gefühle setzen, die in der DDR auf schnelle Vereinigung drängten. In der Forderung auf Steuererhöhungen, besonders bei den Gutverdienenden, versucht die SPD zwei konfligierende Solidaritäten wieder miteinander zu versöhnen: die Solidarität mit den sozial Schwächeren in der Bundesrepublik, die, wie schon das Übersiedlerproblem gezeigt hat, von der Vereinigung relativ am stärksten belastet werden und relativ am wenigsten profitieren; und die Solidarität mit den Bewohnern der DDR, die ja insgesamt gegenüber den Bundesbürgern in einer Situation der Benachteiligung sind. Über Steuererhöhungen wären die Kosten der Vereinigung eher ausweisbar und zurechenbar – mehr jedenfalls, als wenn man sie in den verschiedenen Prozessen des Marktes, der Transferleistungen der sozialen Sicherungssysteme etc. scheinbar verschwinden läßt.

An der Politik der deutschen Vereinigung läßt sich beispielhaft eine grundsätzliche Alternative bzw. Option politischer Steuerung mit den jeweiligen Vor- und Nachteilen studieren. Das Steuerungsmodell »linker« Parteien, denen durch ihre historische Nähe zur Arbeiterklasse der Appell an Solidarität geläufiger ist, bezieht gerade über diesen Appell die Bürger mehr in den politischen Entscheidungsprozeß ein und ist insofern demokratischer. Dies läßt sich unabhängig davon sagen, an *welche* Form von Solidarität appelliert wird: a) an freiwillige Spenden, Hilfsleistungen etc; b) an die Bereitschaft, kollektiv organisierte Solidarität, etwa in Form von Steuererhöhungen, ohne Murren mitzutragen; c) an die stillschweigende Zustimmung der Bürger dazu, daß die Regierenden knappe Ressourcen von wichtigen Aufgaben abziehen und anderen, im Namen von Solidarität, zuweisen.

Kann der letztgenannte Fall, der ja auf eine Umverteilung in kollektiven Etats ohne direkte Beteiligung der Bürger hinausläuft, noch als Solidarität verstanden werden? Ja, sofern dazu mit Solidaritätsargumenten öffentlich um Zustimmung geworben wird.

Die Nachteile einer solchen Politik mit Hilfe von Solidaritätsappellen können vielfältig sein:

- Die auf diese Weise, sei es auch nur über das Wissen von Kosten und Nutzen der Solidarität, in die Mitverantwortung gezogenen Bürger, fühlen sich durch Solidaritätsaufrufe und die daraus erwachsenden moralischen und Interessenkonflikte überfordert. Sie ziehen eine Politik vor, in der Entscheidungen von als kompetent erachteten Amtsträgern oder durch anonyme Marktprozesse getroffen werden, ohne daß den Bürgern jeweils Zustimmung oder Ablehnung abverlangt wird. (Dies ist wohlgemerkt keine empirisch geprüfte, aber eine Hypothese, die zur Prüfung einlädt.)
- Eine Politik, die mit Solidaritätsansprüchen operiert und zugleich die Kosten der Solidarität, so gut es eben geht, offenlegt, läuft im-

mer Gefahr, daß sich anstelle der erwünschten Zustimmung Unwillen und Ablehnung einstellen – zugunsten anderer, konkurrierender Solidaritäten, deren man sich bei dieser Gelegenheit besonders bewußt wird. So werden Solidaritätsopfer für die DDR in Konkurrenz zu Hilfsverpflichtungen gegenüber der Dritten Welt gesehen, und besonders die intellektuelle Linke engagiert sich angesichts des altbackenen deutschen Nationalismus aus der DDR für die multikulturellen Errungenschaften und die vergleichsweise fortgeschrittene Weltoffenheit der Bundesrepublik. Für die traditionelle Linke in der Bundesrepublik, aber auch für den kleinen Mann schlechthin, findet die Solidarität mit der DDR ihre Grenzen in der Solidarität, die den sozial Schwachen in der BRD geschuldet ist. Die Grenzen politischer Steuerung mit den Mitteln der Solidarität, von denen hier die Rede ist, ergeben sich aus der Konkurrenz der Solidaritäten – zu unterscheiden von der im vorigen Punkt genannten Konkurrenz zwischen dem Steuerungsinstrument Solidarität einerseits und anderen Steuerungsmedien wie Hierarchien und Märkten andererseits.
- Aus der Sicht der Regierenden enthalten Solidaritätsappelle im Vergleich zu »solidaritätsneutralen« Entscheidungen, wie sie in Marktprozessen und Hierarchien getroffen werden, den Nachteil, daß sie die Agenten politischer Steuerung selbst moralisch und finanziell binden. Sie verringern die Flexibilität und erhöhen den Rechtfertigungszwang politischer Entscheidungsträger.
- Schließlich zehrt jeder Solidaritätsappell an den knappen Solidaritätsressourcen, nicht nur finanzieller, sondern auch moralischer und kognitiver Art: man kann nicht dauernd mit allen und jedem solidarisch sein wollen und auch noch dafür bezahlen sollen.

Von daher ist es leicht zu verstehen, daß konservative Parteien und Regierungen mit Solidaritätsaufrufen eher sparsam umgehen und große Aufgaben wie die deutsche Vereinigung weniger als Solidaraufgaben, mehr als Aufgaben für anonyme Märkte und kompetente politische Entscheidungsträger definieren. Gelingt es ihnen, die Folgekosten der Entscheidungen gar nicht erst zu thematisieren oder sie im Vagen zu belassen, dann können sie nicht wegen falscher Voraussagen, allenfalls wegen Verschleierung politisch belangt werden. Sie erhalten sich auf alle Fälle einen Spielraum dafür, die tatsächlich an-

fallenden Kosten so oder so zu decken, und binden von vornherein weniger Ressourcen, so daß sie auch für zukünftige Probleme unabhängiger und flexibler entscheiden können. Für den Notfall behalten sie Solidarität als Steuerungsinstrument immer noch in Reserve, werden bei dessen Einsatz allerdings auch leichter unglaubwürdig, weil durchschaubar ist, daß ihnen Solidarität nicht als ein historisch gewachsener und immer wieder beschworener Wert, sondern als ein Handwerkszeug gilt, das man nur bei dringendem Bedarf einsetzt.
Ein Solidaritätsaufruf, der als instrumentell und kalkuliert durchschaut und nicht mehr spontan von kollektiver Emotionalität getragen wird, ist nichts mehr wert. Noch 1990/91 hätten sich die Bürger der Bundesrepublik, wären sie am Portepee deutsch-deutscher Solidarität gepackt worden, erhebliche finanzielle Opfer abverlangen lassen; politisch war ihre Solidarität mit den Landsleuten in der DDR deutlich unterfordert. Heute, wo sich herausstellt, daß die Regierung für die Vereinigungspolitik sehr viel mehr Geld braucht, als sie vorher kundgetan hat, hat sie die Solidaritätskarte nicht verspielt, aber verfallen lassen. Sie jetzt noch ziehen zu wollen, würde Solidarität zum Notstopfen für eine unaufrichtige und fehlkalkulierte Politik herabwürdigen und vom sensiblen Spürsinn der conscience collective übel vermerkt werden. Nun muß das nötige Geld über Kredite und Steuern unter dem Motto »business as usual« zusammengekratzt werden. Nur verschämt hat die konservative Regierung eine kleine Steuererhöhung für Gutverdienende »Solidaritätszuschlag« getauft.
Der Vorzug einer offenen Solidaritätspolitik von Anfang an wäre dagegen gewesen, daß sie die Lasten der deutschen Vereinigung deutlicher sichtbar machen und gerechter hätte verteilen können; je anonymer die Kosten über Marktprozesse, indirekte Steuern etc. verteilt werden, desto mehr treffen sie, häufig unerkannt, die sozial schwachen und wenig flexiblen Bevölkerungsgruppen ist Ost und West. Der sozialen Gerechtigkeit dient eine bewußte Solidaritätspolitik allemal mehr als eine Politik, die die Regelungsprobleme der deutschen Vereinigung dem Markt überlassen will, aber es in Wahrheit nicht kann.
Es darf allerdings nicht übersehen werden, daß eine nachdrücklich auf Solidarität pochende Politik auch Nachteile und Risiken in sich birgt. Die bisher recht kühl, als Markt- und Budgetpolitik ohne nationalistische Akzente betriebene Vereinigungspolitik hätte durch Solidarisie-

rungsargumente emotional aufgeladen werden und ungewollt einen nationalistischen Anstrich erhalten können. Auch ist bedenkenswert, ob angesichts der langfristigen großen Probleme der europäischen Einigung und insbesondere des Nord-Süd-Gefälles die deutsch-deutsche Einigungspolitik moralisch noch besonders aufgewertet werden sollte. Auf die knappe Ressource Solidarität mögen noch größere Aufgaben warten. Wie stark sie hier und heute eingesetzt werden soll, hängt von Wertprioritäten ab und bleibt nach wie vor eine Kunst – die Kunst des Möglichen.

4. Schluß:
Die Modernität der Solidarität

Mit einer Verlustanzeige ist die Frage nach Solidarität in der modernen Gesellschaft nicht zu beantworten. Im Gegenteil: Solidarität dringt zunehmend auch in diejenigen Beziehungen in und zwischen Gesellschaften ein, die man gewohnterweise als Macht- oder Marktverhältnisse, aber auch als Liebe, Brüderlichkeit, Hilfe für die Schwachen bezeichnet. Nicht daß sie diese Beziehungen verdrängen oder ersetzen würde – indem sie sich einen Platz zwischen ihnen erobert, läßt sie sie in ihren Sinnkonturen, im Kontrast, sogar noch reiner hervortreten. Aber dort, wo die Zwanghaftigkeit von Macht, die kalte Vertragsförmigkeit des Marktes, die Gefühlssteigerung der Liebe, die gütige Herabneigung einseitigen Helfens nicht hingelangen oder nicht mehr akzeptiert werden und ihre Verbindlichkeit verlieren, findet Solidarität ihren Ort, als eine Binde- und Regelungskraft eigener Art: gefühlvoller als Verträge, aber nüchterner als Liebe; nicht in uneigennütziger Caritas sich verströmend, sondern Gegenseitigkeit des Beistands zumindest für eine unbestimmte Zukunft annehmend; beseelt vom Gedanken einer irgendwie verstandenen Gleichheit zwischen Gebern und Empfängern, trotz Differenzen zwischen ihnen und ungleicher Notlage; aus freien Stücken zustande gekommen und wieder auflösbar.

Dies besonders zeichnet Solidarität als einen sozialen Tatbestand moderner Art aus: sie wird nicht, wie traditionale Gemeinschaftsbindungen, zwangsläufig auferlegt, sondern ist Ausdruck freier Entscheidung. Individualisierung als Vervielfältigung von Optionen erlaubt zwar den Rückzug aus bestimmten Solidarbeziehungen; jedoch weit entfernt davon, Solidarität allgemein zu zerstören, schafft sie erst deren Voraussetzung. Solidarität tritt, wenn auch nicht zwangsläufig, an die Stelle von Zwangsbindungen. Daß diese zerfallen, bedeutet nicht Auflösung sozialer Bindungen, sondern deren Verwandlung.

Das in Solidarisierungen sich äußernde soziale Engagement muß im Zuge von Individualisierung nicht abnehmen – es wird bloß zwangloser, unpathetischer, vielseitiger, zeitlich und sachlich begrenzter, beweglicher, in gewissem Sinne auch unverbindlicher. Es reagiert damit auf die Veränderung und Vervielfältigung gesellschaftlicher Problemlagen.

Empirisch haben wir dies für eine Reihe von Handlungsfeldern nachgezeichnet. Die traditionellen Arbeitermilieus, Nährboden einer (von Intellektuellen ohnehin immer überschätzten und überforderten) Klassensolidarität, sind im Verschwinden begriffen. Den dadurch tendenziell geschwächten Gewerkschaften ist es in der Bundesrepublik trotzdem gelungen, ihre Organisationsbasis zu erhalten und Mitte der achtziger Jahre in großen Streiks zur Verkürzung der Arbeitszeit, die ausdrücklich mit Solidaritätsargumenten zugunsten der Arbeitslosen begründet wurden, zu mobilisieren. An die *Solidarität der Beschäftigten mit den Arbeitslosen* können sogar Staat und Unternehmer appellieren – mit Aussicht auf Erfolg aber nur, sofern sie selbst einen überzeugenden Solidarbeitrag leisten und dafür sorgen, daß ein den Arbeitnehmern angesonnener Lohnverzicht erkennbar zu neuen Arbeitsplätzen führt.

Den *Solidaritätsproblemen des Sozialstaats*, die unweigerlich mit der Größe, Anonymität und individuellen Ausbeutbarkeit der sozialen Sicherungssysteme gegeben sind, lassen sich Riegel vorschieben: durch den Einbau sozialer Kontrollen des Mißbrauchs von Solidarität einerseits. Andererseits, und dies ist an die Adresse der Tüchtigen und Leistungsstarken gerichtet, durch die Einsicht, daß die ihnen abverlangten Solidarbeiträge der Preis für Entfaltungschancen sind; solche Chancen verstehen sich ja nicht von selbst, sondern sind gleichsam die Vorleistung liberaler Gesellschaftsordnungen an die Individuen. Je mehr Entfaltungschancen eine Gesellschaft bietet, desto mehr erzeugt sie, auf deren Kehrseite, Leistungsversagen derjenigen, die nicht mithalten können. Die Einsicht in diesen Zusammenhang des Gegensätzlichen verwandelt soziale Abgaben, dem Sinne nach, von milden Gaben in Solidarbeiträge und bestärkt die Akzeptanz des Sozialstaats. Davon wiederum und von Wohlstandssteigerungen hängt es ab, wo die – als Fixlinie nicht vorhandene – »Grenze der Belastbarkeit« durch den Sozialstaat gezogen wird.

Daß *Solidarität zwischen den Generationen* als eine Grundlage der Systeme sozialer Sicherung zerbreche, wird ebensogern schaudernd kolportiert wie die These, daß *Solidarität im Alltag und in der Familie* immer seltener werde. Mit empirischen Untersuchungen konfrontiert, erweisen sich diese Thesen als Zerrbilder. Die sozialen Netzwerke zwischen Eltern, Kindern, Großeltern, durch den Sozialstaat in der Regel von Zwängen zur elementaren materiellen Existenzsicherung entlastet, stellen wie vordem, oder eher noch mehr, materielle Zusatzleistungen und sozio-emotionale Unterstützung bereit. Es ist richtig, die Familie wird nicht mehr emphatisch erhöht. Aber gerade die Rücknahme hochgespannter Ansprüche an soziale Nähe erleichtert lockereren Umgang miteinander und, trotz Differenzen, Hilfe im Notfall, also: Solidarität.

Auch Auftauchen und sprunghafte Vermehrung von *Selbsthilfegruppen* und der Erfolg des Modellversuchs Private Unterstützungsnetze weisen darauf hin, daß Bedarf und Bereitschaft für sachlich und zeitlich eingrenzbare, zwanglose, flexible Formen gegenseitigen Beistands steigen. Sie sind dabei, zwischen den etablierten Diensten des Sozialstaats und der familial-verwandtschaftlichen Hilfe, zu einem dritten Element im Sozialleistungssystem zu werden. Private Unterstützungsnetze nach dem Muster unseres Modellversuchs liefern, da ihr unverzichtbarer organisatorischer Kern finanziert werden muß, keine sozialen Dienste zum Nulltarif. Doch spart die Förderung aus öffentlichen Kassen auch Kosten, sofern man diese ins Verhältnis zu den Wirkungen setzt: sie aktiviert bürgerschaftliches Engagement, entlastet Familien- und Verwandtschaftssystem und erhöht die Lebensqualität der Beteiligten ebenso wie die kommunalen Integrationskräfte.

Schwerer als anderswo scheint sich Solidarität in *Partnerschaftsbeziehungen* durchzusetzen. Nicht nur, weil Männer und Frauen oft unterschiedliche Vorstellungen von Solidarität haben: Solidarität tritt hier in Konkurrenz zu Liebe als emotional stärkster Bindekraft überhaupt, die nach wie vor, dem Anspruch nach, die Partner zusammenführen und ihre Beziehung auf Dauer stabilisieren soll.

Die Probleme, zu deren Lösung Solidarität in Anspruch genommen wird, verlagern sich zusehends aus dem Innern von Gesellschaften auf die Beziehungen zwischen ihnen. In *militärischen und moralischen Aktionen* gegen Staaten, die internationales Recht und Menschenrechte verletzen, brauchte sich die Bundesrepublik bisher kaum zu engagieren. Davor schützte sie, ironischerweise, gerade die eigene schwere moralische Hypothek aus dem nationalsozialistischen Unrechtsstaat. In internationale Solidarität von Staats wegen sind die Deutschen nicht eingeübt, den Kosten und Konflikten dieses Regelsystems konnten sie sich weitgehend entziehen, indem sie auf ihre Verpflichtungen gegenüber Europäischer Gemeinschaft und NATO, die Nichtverfügung über Atomwaffen und das verfassungsmäßige Verbot, deutsche Soldaten außerhalb der NATO einzusetzen, hinwiesen. Die Bereitschaft, den Vorteil militärischer und moralischer Enthaltsamkeit zugunsten internationaler Solidaraktionen aufzugeben, ist in Deutschland – gottlob, möchte man sagen – weiterhin gering. Indessen wagte sich die deutsche Politik zugunsten der Anerkennung Kroatiens und Sloweniens als selbständige Staaten zum ersten Mal mit einer eigenen, halbwegs riskanten Solidaraktion hervor – in einer nach der Wiedervereinigung und dem Schock des Golfkriegs von Grund auf veränderten Situation.

Internationale Solidarität kann man sich als arbeitsteiliges System vorstellen. Während die Großmächte darin den militärischen, die kleinen, oft neutralen Nationen den moralischen Part spielen, kommt Deutschland mit seinen wirtschaftlichen Möglichkeiten, einem relativ weit getriebenen ökologischen Problemverständnis und entsprechenden Technologien am ehesten die Rolle des ökologisch-ökonomisch Hilfe Leistenden zu. Nimmt man dazu die Tradition der handwerklichen und der wissenschaftlichen Berufsausbildung in Deutschland, dann liegt es nahe, den deutschen Anteil an internationaler Solidarität auf diesen Gebieten gleichsam zu spezialisieren. Welche Potentiale des Engagements hier schlummern, wissen wir nicht, da sie von der institutionalisierten Politik schon lange nicht mehr vernehmlich angesprochen werden. Die Prozeduren der Entwicklungshilfe, der Deutsche Entwicklungsdienst, das Spendenwesen der caritativen Organisationen laufen in gewohnten Bahnen, von der Öffentlichkeit kaum zur Kenntnis genommen und diskutiert, ohne Begeisterung, innovative Impulse, geschweige denn Visionen für die Zukunft.

Diese fehlen auch im Hinblick auf die *Migrationsprobleme*, denen sich die Industriegesellschaften wegen ihrer Vorzugsstellung im System der internationalen Ungleichheit zunehmend ausgesetzt sehen. Das Konzept einer multikulturellen Gesellschaft ist, wie sein Gegenstück, die ethnisch homogene Gesellschaft, viel zu grob und politisch frontbildend, um die zwischen den Kulturen Wandernden der Toleranz und Solidarität zu versichern, die ihnen das Leben erleichtern kann. Dazu müssen vielmehr die Bedingungen erspürt und berücksichtigt werden, die Solidarität begründen oder erschüttern: die Anzahl, Zusammenballung, Fremdartigkeit, Auffälligkeit etc. der Zuwanderer; und die Gefühle beeinträchtigter Interessen und bedrohter kollektiver Identität bei den Einheimischen. Die Forderung nach Solidarität mit Fremden, zudem noch offensiv oder gar aggressiv gegen eigene Landsleute vorgetragen, kann unter Umständen mehr Solidarität *gegen* als *für* die Neuankömmlinge stiften.

Solidarität mit denen, die uns nah und ähnlich sind, schlägt in aller Regel die erwünschte Solidarität mit den Fernen und Fremden. So steht Solidarität in dem Dilemma, daß sie am schwersten dorthin gelangt, wo sie am nötigsten wäre, und dort, wo sie eher entbehrlich ist, am leichtesten entsteht: unter modernen Menschen in den modernen Sphären der modernen Gesellschaft. Diese gleichsam natürliche – wenn auch als »natürlich« wiederum sozial definierte – Bestimmtheit von Solidarität schränkt unter der Hand ihr anderes Wesensmerkmal, nämlich freie Wählbarkeit, wieder ein. So frei, wie wir in der Wahl unserer Solidaritäten sein möchten und zu sein denken, sind wir in Wirklichkeit nicht, nicht als Individuen und als Träger kollektiver Vorstellungen erst recht nicht.

Immer schon befinden wir uns in einem Geflecht vorgeprägter, arbeitsteiliger Solidaritäten (mit denen wir übrigens nicht nur andern beispringen, sondern auch uns selbst definieren und darstellen). Wollte der Staat oder irgendeine Instanz in dieses Geflecht eingreifen, um Solidarität ganz für eine Sache einzunehmen oder aufs äußerste zu steigern – die Widerstände wüchsen in dem Maße, wie den Konstitutionsbedingungen von Solidarität, die wir im ersten Kapitel dargestellt haben, und unserer eigenen individuellen und kollektiven Identität Gewalt angetan würde.

Trotzdem: Solidarität ist gesamtgesellschaftlich keine fixe Größe, und der Umgang mit ihr kein Null-Summen-Spiel. Durch bewegende Ereignisse, charismatische Führung, geschickte Organisation können Gesellschaften gelegentlich, auch in ihren Solidaritäten, über sich hinauswachsen, und nicht immer muß die kollektive Steigerung einer Solidarität auf Kosten einer anderen gehen. Auf die Dauer aber können Gesellschaften, ebenso wie Menschen, nicht über ihre Kräfte und Verhältnisse leben, auch nicht über ihre Bindekräfte und Solidarverhältnisse. Ein Staat, der andauernd alle Potentiale gesellschaftlicher Solidarität ausschöpfen und für die besten Zwecke einsetzen will, macht Solidarität stumpf für zwei ihrer wichtigsten Aufgaben: auf unvorhergesehene Probleme zu reagieren und spontan und selbststeuernd erste Hilfe zu leisten.

Nehmen wir dennoch einmal an, Solidarität sei ein frei verfügbares und lenkbares Gut: Auf welches Problem sollte sie vorrangig angesetzt werden? Unsere – der Autoren – Antwort: auf die Verminderung der ungeheuren und weiter anwachsenden Ungleichheit der Lebenschancen zwischen den Ländern der nördlichen und südlichen Hemisphäre. Dieses Problem könnte auf längere Sicht alle anderen in den Schatten stellen. Bekämpfung von Ungleichheiten und Entfremdungen innerhalb von Industriegesellschaften, die jahrhundertelang im Zentrum soziologischer und sozialpolitischer Überlegungen gestanden hat, verblaßt dagegen zu einer Nachricht aus vergangenen Zeiten, schrumpft zu einer Aufgabe minderen Werts.

Trotzdem, die Antwort, so plausibel und gut begründbar sie ist, hält weiterer Überlegung nicht stand: Verdienen nicht die mutig und elend die kommunistische Zwangsordnung abschüttelnden Menschen jetzt die Priorität unserer Solidarität? Die Opfer von Techno- und Naturkatastrophen? Plötzlich notleidende oder erkrankte Verwandte? Ein für alle und ein für allemal wichtigstes Problem gibt es nicht. Es ist gerade die Vielfältigkeit und Wechselhaftigkeit der Probleme in der modernen Welt, auf die Solidarität als moderne, flexible Regelungskraft eine Antwort weiß. Sie bindet die Menschen nicht auf Gedeih und Verderb aneinander und an ein bestimmtes Problem. Sie läßt sie auch wieder los. Sie verausgabt sich nicht an eine Sache. Sie entzieht sich amtlichen und anderen Versuchen, sie ganz und für immer in Dienst zu nehmen. Unter den verbindenden Beziehungen ist sie die unverbindlichste, unter den starken sozialen Kräften die schwächste.

Lösen kann Solidarität die großen Probleme, insbesondere das der Ungleichheit, nicht. Nur wo das Ungleiche sich durch Gefühle der Gleichheit überbrücken läßt, kann sie sich einstellen. Das als ganz und gar ungleich Empfundene kann sie nicht verbinden. Und wo sie entsteht, wirkt sie selten allein. Oft ist sie nur Vorreiter oder Hilfskraft für die stärkeren Bindungen der Liebe, der Macht, des Vertrags. (Auch deren Lösungskraft ist beschränkt.) Statt Lösungen bietet Solidarität den Benachteiligten und Bedrängten Beistand im Ausharren. Ist auch der materielle Teil von Solidarität nicht zu unterschätzen, ja manchmal entscheidend, so steht er doch oft bloß symbolisch für das Ganze, den umfassenden, sozialen Sinn von Solidarität: Bestärkung durch schwache Verbundenheit.

Diejenigen, die starke Bindungen und klare Problemlösungen als Ideal vor Augen haben, mögen enttäuscht sein. Aber die großen und klaren Problemlösungen haben, wo es sie denn gibt, große und unklare Folgeprobleme. Heute sehen wir das schärfer als je zuvor. So ist es vielleicht besser, mit Problemen zu leben, statt sie zu lösen. Auch in dieser Hinsicht ist Solidarität, die das erstere erleichtert, das letztere nicht schafft, als schwache und geschmeidige soziale Kraft zugleich die modernste.

Anmerkungen

1 Vgl. dazu etwa die Ausarbeitungen von Talcott Parsons, Amitai Etzioni, Niklas Luhmann, Richard Münch.
2 *Brockhaus Enzyklopädie*, Wiesbaden 1973, S. 538. Für eine Diskussion der Begriffe Solidarität und Brüderlichkeit in historischer Sicht vgl. Gerhard Beier, in: *Lexikon des Sozialismus*, Köln 1986, S. 547–550, ferner die ausführlichere Darstellung von Klaus Christoph, *Solidarität*, Baden-Baden 1979.
3 Für einen Überblick s. Cord Cordes, »Solidaritätsprinzip«, in: *Evangelisches Staatslexikon*, Stuttgart 1966, S. 1973–1975; Th. Brauer, »Solidarismus«, in: *Handwörterbuch der Staatswissenschaften*, Jena 1926, S. 503–507.
4 Begründer dieses Denkens sind Charles Gide, *L'idee de la solidarité en tant que programme économique*, Paris 1883; Léon Bourgeois, *Solidarité*, Paris 1896; Célestien Bouglé, *Le solidarisme*, Paris 1907; Heinrich Pesch S. J., *Lehrbuch der Nationalökonomie*, Bd. 1, Freiburg 1904; derselbe, *Neubau der Gesellschaft*, Freiburg 1919.
5 Anton Rauscher, »Solidarität«, in: *Staatslexikon*, 7. Aufl., 4. Band, Freiburg, Basel, Wien 1988, S. 1191.
6 Emile Durkheim, *De la Division du travail social*, 7. Aufl., Paris 1960, S. 100f.
7 Michael Schmid, »Arbeitsteilung und Solidarität. Eine Untersuchung zu Emile Durkheims Theorie der Sozialen Arbeitsteilung«, in: *Kölner Zeitschrift für Soziologie und Sozialpsychologie*, Heft 4, Jg. 41, 1989, S. 619–642.
8 Alf Trojan (Hg.), *Wissen ist Macht. Eigenständig durch Selbsthilfe in Gruppen*, Frankfurt, 1986; derselbe, »Zur sozialpolitischen Bedeutung von Gesundheitsselbsthilfegruppen«, in: Christian von Ferber (Hg.), *Gesundheitsselbsthilfe. Stand der Forschung – Perspektiven der Forschungsförderung – sozialpolitische Implikationen*, München 1988.
9 Thomas Meyer und Michael Müller, »Neuer Individualismus und Solidarität«, in: *Die neue Gesellschaft*, 35/1988, S. 919–924.
10 Vgl. dazu Wolfgang Zapf u. a., *Individualisierung und Sicherheit. Untersuchungen zur Lebensqualität in der Bundesrepublik Deutschland*, München 1987.

11 Solidarität, wie sehr sie auch als Selbstwert verstanden werden will, entgeht nicht dem Schicksal aller sozialen Erscheinungen, zum Instrument individueller und kollektiver Identitätsfindung zu werden.
12 Jean Duvigneau, *La solidarité*, Paris 1986, S. 109. Im Hinblick auf die deutschen Verhältnisse vgl. Klaus Tenfeld, »Strukturelle Bedingungen für Solidarität. Erfahrungen der deutschen Arbeiterbewegung im 19. Jahrhundert«, in: *Gewerkschaftliche Monatshefte*, 1977, S. 245–258.
13 Für eine ausführliche Diskussion vgl. Klaus Armingeon, »Gewerkschaftliche Entwicklung und ökonomischer, beschäftigungsstruktureller und politischer Wandel. Das Beispiel der Gewerkschaften in der BRD«, in: *Soziale Welt*, Jg. 39, Heft 4, 1988.
14 Vgl. dazu Mancur Olson, *Die Logik des kollektiven Handelns*, Tübingen 1968.
15 Wolfgang Streeck, *Gewerkschaftliche Organisationsprobleme in der sozialstaatlichen Demokratie*, Königstein 1981, S. 54.
16 Vgl. dazu Josef Mooser, »Auflösung proletarischer Milieus«, in: *Soziale Welt* 34/1983, Heft 3, S. 270 ff.
17 Mancur Olson, a. a. O.
18 Wolfgang, Streeck, a. a. O.
19 Vgl. dazu insbes. die Arbeit von Fritz Scharpf, *Sozialdemokratische Krisenpolitik in Europa*, Frankfurt a. M. 1987.
20 Burkhard Strümpel und Florian Schramm, *Arbeitslosigkeit und Arbeitsumverteilung in der Bundesrepublik Deutschland – Betroffenheit, Konflikt, Reformpotential – Gutachten für das Bundeskanzleramt 1989*, S. 81 ff.
21 Vgl. dazu zusammenfassend Burkhard Strümpel und Florian Schramm a. a. O., auch: Randolph Vollmer, *Die Entmythologisierung der Berufsarbeit*, Opladen 1986.
22 *Allensbacher Berichte* 1988, Nr. 15; vgl. auch Burkhard Strümpel und Florian Schramm, a. a. O.
23 Burkhard Strümpel und Florian Schramm, a. a. O., S. 96.
24 K. Brehmke und M. Peter, »Arbeitslosigkeit im Meinungsbild der Bevölkerung«, in: Michael von Klipstein und Burkhard Strümpel (Hg.), *Gewandelte Werte, erstarrte Strukturen*, Bonn 1985, S. 87–128.
25 Mancur Olson, a. a. O.
26 Vgl. dazu Joachim Braun und Andreas Greiwe, *Kontaktstellen und Selbsthilfe: Bilanz und Perspektiven der Selbsthilfeförderung in Städten und ländlichen Regionen*, Köln 1989, S. 46 ff.; Hanna-Beate Schöpp-Schilling, »Und den Frauen wieder das Ehrenamt? Der Ausbau freiwilliger sozialer Dienste und Emanzipationsinteressen von Frauen«, in: Ulf Fink (Hg.), *Der neue Generationenvertrag. Die Zukunft der sozialen Dienste*, München/Zürich 1988, S. 108; Rolf G. Heinze, Thomas Olk, Josef Filbert, *Der neue Sozialstaat*.

Analyse und Reformperspektiven, Freiburg 1988, S. 127 ff.; Gerhard Franz, »Wertorientierungen im Wandel und Aktivierung zu sozialem Engagement«, in: *Theorie und Praxis der sozialen Arbeit*, Nr. 2, 1988, S. 42 ff.; Claudia Koch-Arzberger, Jürgen Schumacher, *Private Unterstützungsnetze*, Stuttgart/Berlin/Köln 1990.

27 Vgl. Hanna-Beate Schöpp-Schilling, a. a. O.
28 Meinhard Miegel, »Die eigentliche Reformaufgabe liegt noch vor uns: Grundsicherung im Alter«, in: *Arbeit und Sozialpolitik*, 43. Jg. 1989, Heft 4, S. 76.
29 So sind z. B. über das Studentenwerk Frankfurt bei jährlich ca. 8000 geförderten Studenten in den letzten 3 Jahren durchschnittlich 14mal gerichtliche Schritte unternommen worden. Nach Auskunft des Studentenwerks schrecken die meisten Studenten vor rechtlichen Schritten zurück und ziehen es vor, für ihren Unterhalt arbeiten zu gehen. Nur Pflegekinder oder Kinder aus Scheidungen, die schon vor Aufnahme eines Studiums rechtliche Schritte gegen Unterhaltspflichtige unternommen haben, neigen eher dazu, eine Unterhaltsklage in Kauf zu nehmen.
30 Klaus Allerbeck und Wendy Hoag, *Jugend ohne Zukunft*, München/Zürich 1985, S. 60.
31 Stefan Weick, »Junge Frauen und Männer bleiben wieder länger im Elternhaus. Ergebnisse einer kohortenspezifischen Verlaufsdatenanalyse«, in: *Informationsdienst Soziale Indikatoren*. Eine ZUMA-Publikation, Nr. 4., Juli 1990, S. 5–8.
32 Vgl. Rosemarie Nave-Herz und Bernhard Nauck, »Errosionstendenzen der modernen Familie? Generationenvertrag, generatives Verhalten und Familienpolitik«, in: Ulf Fink (Hg.), *Der neue Generationenvertrag. Die Zukunft der sozialen Dienste*, München/Zürich 1988, S. 81–98.
33 Peter Gross, »Der neue Zeitvertrag. Eine Aufgabe für alle Bundesanstalten?« In: Ulf Fink, a. a. O., S. 133–145.
34 Ulf Fink, »Die neue Sozialzeit«, in: *Wirtschaftswoche* Nr. 38, 15. 9. 89, S. 50.
35 Colin Gillion, *Ageing Populations: Spreading The Costs*, Paris 1989; Maria Maguire and Colin Gillion, *The Changing Age Structure of OECD Populations. Projections, Context and Policy Issues*, OECD, Paris o. J.
36 Kurt Biedenkopf, »Frauen in Bedrängnis. Mütter und Kinder sind der Politik keine wirklichen Reformen wert«, in: *Die Zeit*, Nr. 34, 17. 8. 1990.
37 Vgl. *NAKOS EXTRA* Nr. 7/1990, S. 3 ff.
38 Vgl. Fritz Vilmar und Brigitte Runge, *Auf dem Weg zur Selbsthilfegesellschaft?*, Essen 1986, S. 27 und S. 30; Joachim Braun und Andreas Greiwe, *Kontaktstellen und Selbsthilfe*, Köln 1989, S. 16.

39 Vgl. Joachim Braun und Andreas Greiwe, a. a. O., S. 15 f.
40 Vgl. *NAKOS EXTRA* Nr. 7/1990, S. 5.
41 Vgl. Institut für Demoskopie Allensbach, *Die Stellung der Freien Wohlfahrtspflege. Kenntnisse, Erwartungen, Engagement der Bundesbürger*, Allensbach 1985, S. 70 ff., S. 82 ff.
42 Vgl. u. a. Joachim Braun und Peter Röhrig, *Praxis der Selbsthilfeförderung*, Frankfurt 1986, S. 54 ff.
43 Vgl. Institut für Demoskopie Allensbach a. a. O., Tab. A 36.
44 Das Forschungsprojekt dauerte vom Oktober 1985 bis Dezember 1986, das Modellvorhaben begann im November 1987. Beides wurde vom BMJFFG bzw. dem BMFS gefördert. Bei beiden Teilvorhaben war Karl Otto Hondrich Projektleiter; konzipiert und durchgeführt wurden sie von Claudia Koch-Arzberger und Jürgen Schumacher in Zusammenarbeit mit der Stadt Bad Vilbel und der »Bürgeraktive Bad Vilbel e. V.«.
45 Vgl. Wolfgang Zapf, *Individualisierung und Sicherheit*, München 1987, S. 16 ff.
46 Vgl. auch Hanna-Beate Schöpp-Schilling, »Und den Frauen wieder das Ehrenamt?« in: Ulf Fink, *Der neue Generationenvertrag*, München 1988; Christian von Ferber, »Neues Ehrenamt – altes Ehrenamt. Traditionelle Helfer, neue Helfer. Traditionelle Verbände, neue Initiativen«, in: Ulf Fink, a. a. O., 1988; Joseph Huber, *Die neuen Helfer*, München 1987.
47 Zur Alters- und Geschlechterverteilung in den alten Ehrenämtern und den neuen Initiativen vgl. Schöpp-Schilling a. a. O., S. 99 ff.
48 Hierzu Karin Stiehr, »While it was mostly men who filed for divorce during the post-war period up to 1950, it has for many years now been women who file in the predominant number of cases«, in: Wolfgang Glatzer u. a., *Recent Social Trend in West Germany 1960–1990*, Frankfurt (erscheint demnächst).
49 Emile Durkheim, *Le suicide*, Paris 1897.
50 Harald Bielenski und Burkhard Strümpel, *Eingeschränkte Erwerbsarbeit bei Frauen und Männern. Fakten – Wünsche – Realisierungschancen*, Berlin 1988, S. 104. Dazu auch Burkhard Strümpel, Wolfgang Prenzel, Joachim Scholz, Andreas Hoff, *Teilzeitarbeitende Männer und Hausmänner. Motive und Konsequenzen einer eingeschränkten Erwerbstätigkeit von Männern*, Berlin 1988.
51 Cheryl Benard und Edit Schlaffer, *Laßt endlich die Männer in Ruhe. Oder wie man sie weniger und sich selbst mehr liebt*, Reinbek 1990.
52 Vgl. dazu Wassilios E. Fthenakis, *Regelung der elterlichen Sorge. Ein Handbuch in Schlüsselbegriffen für Richter, Anwälte, Sozialpädagogen und Sachverständige*, München 1990; derselbe, »Psychologische Beiträge zur Bestimmung von Kindeswohl und elterliche Verantwortung«, in: Ernst-Joachim

Lampe (Hg.), *Persönlichkeit, Familie, Eigentum. Grundrechte aus der Sicht der Sozial- und Verhaltenswissenschaften*, Opladen 1987, S. 182–225.
53 Perez de Cuellar in: FAZ, 3. 12. 91.
54 Ernst-Otto Czempiel, *Weltpolitik im Umbruch. Das internationale System nach dem Ende des Ost-West-Konflikts*, München 1991, S. 81 f.
55 Vgl. Dieter Nohlen (Hg.), *Lexikon Dritte Welt*, Reinbek bei Hamburg 1989, S. 510 f.
56 Vgl. Dieter Nohlen (Hg.); *Lexikon Dritte Welt*, Reinbek bei Hamburg 1989, S. 510 f.
57 Sybille Quenet, »Umweltschutz – Luxus des Nordens?« in: *Frankfurter Allgemeine Zeitung*, 6. Dezember 1991.
58 Lothar Brock, »Die Auflösung des Ost-West-Konflikts und die Nord-Süd-Beziehungen: Befürchtungen und Chancen«, in: *Jahrbuch Frieden 1991*, München 1990; Franz Nuscheler, »Hilfe für den Osten auf Kosten der Dritten Welt. Berechtigte Befürchtungen«, in: *Der Überblick* Nr. 4, 1989; Joachim Betz/Volker Matthies, »Dritte Welt im Abseits, Folgen der Ost-West-Entspannung«, in: Deutsches Übersee Institut, *Jahrbuch Dritte Welt*, München 1990, S. 35–47; Stephan Klingelbiel, »Dritte Welt im Abseits. Die Folgen des Umbruchs in Osteuropa«, in: *Dritte Welt Information*, Entwicklungspolitik des Evangelischen Pressedienstes (epd) Nr. 4, 1990; Edward Mayo, *Second World, Third World. How changes in eastern europe are effecting the worlds poor*, published by the WORLD DEVELOPMENT MOVEMENT, London 1990.
59 Brigitte Erler, *Tödliche Hilfe. Bericht von meiner letzten Dienstreise in Sachen Entwicklungshilfe*, Freiburg im Breisgau 1985.
60 Albert O. Hirschman, *The Strategy of Economic Development*, New Haven und London 1958; ders., *Entwicklung, Markt und Moral. Abweichende Betrachtungen*, München und Wien 1989.
61 Barrington Moore, *Soziale Ursprünge von Diktatur und Demokratie. Die Rolle der Grundbesitzer und Bauern bei der Entstehung der Modernen Welt*, Frankfurt 1969.
62 Fabricio Sabelli, »Die mythischen Grundlagen des gängigen Entwicklungsverständnisses«, in: Gilbert Rist und Fabricio Sabelli, *Das Märchen von der Entwicklung. Ein Mythos der westlichen Industriegesellschaft*, Zürich 1989, S. 75–93.
63 Claudia Koch-Arzberger, *Ausländer in Frankfurt – multikulturelle Gesellschaft in der Großstadt* (erscheint 1991).
64 *Zeit-Magazin*, unveröff. Manuskript 1991.
65 Vgl. dazu Claudia Koch-Arzberger, a. a. O.
66 So antworteten auf die offene Frage: »Was halten Sie für die wichtigste Frage, mit der man sich heute in der Bundesrepublik allgemein beschäf-

tigen sollte?« 1981: 1% »Wiedervereinigung« (1955: 34%, 1960: 38%, 1970: 13%), nach Elisabeth Noelle-Neumann und Edgar Piel, *Allensbacher Jahrbuch der Demoskopie 1978–1983*, München 1983, S. 334.

67 Vgl. dazu Umfrage: »Es sollte mehr geholfen werden«, in: *Frankfurter Allgemeine Zeitung*, 15. August 1990 und »Erstaunlicher Gleichklang bei Deutschen aus Ost und West«, in: *Frankfurter Allgemeine Zeitung*, 18. August 1990.

Sozialwissenschaften
Eine Auswahl

Peter L. Berger/
Thomas Luckmann
Die gesellschaftliche Konstruktion der Wirklichkeit
Eine Theorie der
Wissenssoziologie
Band 6623

Udo Bermbach
**Der Wahn des
Gesamtkunstwerks**
Richard Wagners politisch-ästhetische Utopie
Band 12249

Hans Bosse
Der fremde Mann
Jugend, Männlichkeit, Macht
Eine Ethnoanalyse
Band 11469

Elias Canetti
Masse und Macht
Band 6544

Uwe von Dücker
Die Kinder der Straße
Überleben in Südamerika
Band 11347

René Girard
Ausstoßung und Verfolgung
Eine historische Theorie
des Sündenbocks
Band 11090

René Girard
Das Heilige und die Gewalt
Band 10970

Hans-Dieter Gondek/
Peter Widmer (Hg.)
Ethik und Psychoanalyse
Vom kategorischen Imperativ
zum Gesetz des Begehrens:
Kant und Lacan
Band 12248

Albert O. Hirschman
Denken gegen die Zukunft
Die Rhetorik der Reaktion
Band 12510

(Hg.) Karl Otto Hondrich/
Claudia Koch-Arzberger
**Solidarität in der
modernen Gesellschaft**
Band 11246

Peter Kemper (Hg.)
**»Postmoderne« oder
Der Kampf um die Zukunft**
Die Kontroverse in Wissenschaft, Kunst und Gesellschaft
Band 6638
**Macht des Mythos –
Ohnmacht der Vernunft?**
Band 6643

Fischer Taschenbuch Verlag

Sozialwissenschaften
Eine Auswahl

Rolf Kloepfer/
Hanne Landbeck
Ästhetik der Werbung
Der Fernsehspot in Europa
als Symptom neuer Macht
Band 10720

Rolf Knieper
Nationale Souveränität
Versuch über Ende und
Anfang einer Weltordnung
Band 10719

Dieter Lenzen
Krankheit als Erfindung
Medizinische Eingriffe
in die Kultur. Band 10559

Judith LeSoldat
Freiwillige Knechtschaft
Masochismus und Moral
Band 6640
**Eine Theorie
menschlichen Unglücks**
Trieb, Schuld, Phantasie
Band 11707

Françoise Loux
**Das Kind und sein Körper
in der Volksmedizin**
Eine historisch-
ethnographische Studie
Band 10269

Oskar Negt
Unbotmäßige Zeitgenossen
Annäherungen und
Erinnerungen
Band 12250

Horst Petri
Erziehungsgewalt
Zum Verhältnis von
persönlicher und gesellschaftlicher Gewaltausübung
in der Erziehung
Band 6639

Wolf Schäfer
**Ungleichzeitigkeit
als Ideologie**
Beiträge zur historischen
Aufklärung
Band 11927

Heinz Steinert
Adorno in Wien
Über die (Un-)Möglichkeit von
Kunst, Kultur und Befreiung
Band 11468

Paul Virilio
**Krieg und Kino.
Logistik der Wahrnehmung**
Band 6645
Der negative Horizont
Bewegung, Geschindigkeit,
Beschleunigung
Band 12511

Fischer Taschenbuch Verlag